Levantando el vuelo

Levantando el vuelo

Desde el fondo de la desesperanza de una niña Hasta la cumbre del éxito de una mujer Una denodada lucha

Basado en la vida de Yoselyn Nuñez

Escrito por:
Martha Daza

Para realizar pedidos de este libro, contacte con:
Xlibris
1-888-795-4274
www.Xlibris.com
Orders@Xlibris.com
735442

CONTENIDO

DEDICATORIA

Esta historia de esperanza, está destinada a las personas desconfiadas que cuando se ven envueltas en una situación complicada, dudan de sus capacidades y de la fuerza interna que poseen para salir adelante y superar cualquier problema. Intenta infundir el valor para que ellos busquen dentro de sí, la fuerza para avanzar y terminar levantándose ante cualquier adversidad, forjándose un camino mejor y una vida llena de pequeñas victorias frente a cada fracaso.

Intenta explicar cómo se va aprendiendo a costa de caer, porque de eso se trata la existencia, de continuar el camino a pesar de los contratiempos, de hacerlo con coraje, confianza y seguridad sin detenerse a mirar atrás. Muestra la forma de levantar el vuelo así los vientos no estén a favor y sostener la marcha mirando al frente aunque cueste dar el siguiente paso por un pie atrapado en las circunstancias.

Va dedicado a todos aquellos que se sientan en un callejón sin salida, especialmente a las mujeres en estado de vulnerabilidad que ven su futuro nublado y lo creen sin posibilidades, a aquellas que no alcanzan a imaginar que después de la oscuridad está abierto el camino y que pueden recorrerlo con gallardía, aplomo y audacia, que deben entender que lo malo que sucede en la vida debe ser el aliciente para seguir adelante en el logro de todo lo que se propongan, que cuando se está postrado en el suelo y ya no se puede llegar más abajo, solo queda la posibilidad de reconocer que eso no es el fin sino el comienzo, los cimientos de lo que será el futuro y la sublime posibilidad de levantar el vuelo hacia horizontes ilimitados para erigir con esfuerzo, la vida con la que se sueña. Esta historia de vida se desarrolla sin apuros y trastabillando y su protagonista ha surgido como un ave triunfante desde el fondo de la desesperanza hasta la cumbre soñada y más allá de todos los horizontes. Va dedicada a quienes les queda una chispa de ilusión en su corazón y creen que algún día saldrán de sus angustias con confianza en sí mismos y en sus capacidades de recuperarse, así el mundo que los rodea en ese momento, se muestre hostil y aparente obstruir los caminos.

Siempre habrá un más allá de donde llega la mirada, un infinito posible en ese lugar que supera lo que alcanza el conocimiento y las limitaciones que son creadas por el miedo a avanzar y a fallar. Por la cobardía que siempre acecha cuando cierran las puertas ante nuestra cara y creemos que no hay la certidumbre de un paso que nos conduzca lejos de los malos ratos.

La intención es demostrar que las puertas cerradas son un reto para averiguar qué hay al otro lado del fracaso. Son la posibilidad de avanzar en un mundo que es ancho y un cielo que no tiene límites para quienes aprenden a soñar y a cristalizar sus deseos de progresar y a no quedarse estancados en las dificultades. Esa es la finalidad. Un siempre adelante en los momentos críticos y en los desafíos, un no detenerse aunque el panorama se oscurezca y fallen las fuerzas.

Históricamente, las niñas han sido sometidas a representar papeles secundarios en su existir y son educadas para servir a los demás, inicialmente a sus hermanos y a su padre, generalizando el patrón cuando crecen para seguirlos atendiendo, cuando se casan y no es mal visto el maltrato en las sociedades modernas –que aún no son tan modernas– porque ha sido una tradición el sometimiento femenino, mucho menos en ambientes donde reina el machismo abierta o soterradamente, la dominación masculina como una forma de vida. En este caso, es natural el agravio y vejación a la niñez y nadie actúa para evitarlo ni para aliviar la condición de los infantes, sucedió así con la protagonista que desde que puede mantenerse en pie, es obligada a tareas que no van de acuerdo con su edad, con su estatura ni con su condición de niña y a pesar de esto, logra superar las circunstancias por las que atraviesa basada en su instinto y su capacidad de acomodarse a lo que le va llegando hasta salir avante en lo que se propone.

INTRODUCCIÓN

La historia

Yoselyn tiene una grácil figura siempre en movimiento, es una mujer vital y hermosa, con unos ojos grandes, negros y vivaces que mantiene muy abiertos queriendo abarcarlo todo mientras nos cuenta los pormenores de su vida desde cuando tiene memoria y antes de eso, según lo que ha escuchado y deducido por su propia cuenta. Ha tenido que armar como un gran rompecabezas pieza a pieza su pasado, tratando de que encaje en lo que ella recuerda, las distintas versiones recibidas y lo que es ahora como resultado de aquello y cómo logró llegar hasta el lugar que ocupa. Esta es su historia:

Abandonada por sus progenitores, rodeada de maltrato y mentiras, ella desde su más tierna infancia, siendo una niña ingenua y asustada, intenta defenderse con su poca fuerza. Desde que tiene uso de razón, no sabe cómo actuar en las cosas que a diario se presentan en su vida, no sabe cómo manejar los sentimientos sordos que bullen dentro de su ser y teme –siempre teme– y se mantiene a la expectativa de lo que vendrá al momento siguiente, que por lo general es una ofensa. Unas horas después o al día siguiente, tras las penas, ella se recupera, sale airosa, obedece y cumple las tareas que le imponen a fuerza y malintencionadamente los mayores.

Esta es una jornada de años de vida narradas sin ninguna pretensión diferente de compartir algunas experiencias amargas, sacadas a la luz con el deseo de que cada uno de los lectores entienda, que no importando las tempestades que se presenten en la vida y lo difícil que sea superarlas, al final siempre hay un camino y un rescoldo de fuerza aprovechable. Una luz más allá de lo oscuro de la noche. En los peores momentos existe, aunque no lo veamos, un rayito de esperanza para aliviar la pena diaria que ayude a sobrevivir el día a día y recibir con optimismo la posibilidad de llevar una vida diferente en cada amanecer. Una esperanza que tibia el camino con sus rayos de claridad que aunque no llegue en las posibilidades de la mirada, siempre está presente en los sentidos o más allá de ellos, se percibe en la piel con su contacto breve y lo más importante, es aprender la forma de detectarla para tomar nuevo aire y seguir adelante.

Cada quien tiene su historia y ha sobrevivido a su manera, algunas veces equivocada, pero aun así, siempre queda ímpetu para continuar y tratar de capear el temporal y sobreaguar las turbulencias. En este caso el tesón de la protagonista es ejemplar y aparece más fuerte en cada contingencia.

Nadie más frágil e indefenso que un niño, solitario sin apoyo posible, sin respuestas, sin a quien recurrir con sus dudas y preguntas que son muchas, sin interlocutor entre quienes lo rodean. Yoselyn aprendió a vivir así y. no obstante tener todas las cosas en contra, esta pequeña se sobrepuso cada vez que fue rechazada y maltratada. Naturalmente se acomoda como un gato a la forma de cada desafío y lucha contra viento y marea. Cada acontecimiento desdichado despierta en ella su instinto de supervivencia y el deseo de estar mejor al día siguiente, hasta que se convierte en una fuerza interna que la supera y la ayuda a sobrepasar las contrariedades. Ella no flaquea a la hora de mantener el rumbo, posa firme su pie sobre el suelo y vuela hacia el futuro como un ave que no sabía que podía hacerlo y que al descubrirlo, lo hace alcanzando las más altas cumbres.

Ya desde esa perspectiva, aprende a mirar el mundo que la reta, y que se presenta cada vez de manera diferente. No es casual que vaya resolviendo en la marcha sus obstáculos porque esa será en adelante su premisa para concluir en cada acontecimiento, inventando y resolviendo por sus propios medios, la forma de enfrentar la vida.

PRESENTACIÓN

El hecho de compartir sus vivencias amargas en este libro no es, ni mucho menos, con el propósito de que se compadezcan de ella, pretende ser una inspiración para quienes atraviesan momentos que creen insuperables. Esta es una historia de denodada lucha, no un lamento, ella pretende al recordar las experiencias fuertes por las que atravesó, dar un ejemplo de temple y carácter. Es un dejar saber a otras personas que todo es viable aun en las peores circunstancias, se narra con la intención de resaltar la esperanza y de mostrar a aquellos pesimistas que piensan que las salidas son imposibles, que solo buscándolas se tornan simples y que con ahínco se debe luchar por hallarlas cuando no aparecen a simple vista.

Yoselyn simplemente se deja llevar y relata cada una de sus historias como un referente de cómo levantarse cuando se está en el fondo del abismo sin alicientes, cuando todo lo que gravita a su alrededor es tristeza, asumiendo una actitud de valor y fortaleza sacada del centro mismo de su ser para lidiar con las vicisitudes.

Este libro pretende mostrar a través de la mirada de una niña que aprende la cotidianidad a fuerza de golpes físicos y psicológicos, que siempre hay un mañana y una esperanza y que con ella bien arraigada en el fondo del corazón, es posible encontrar la forma de encarar la existencia y salir adelante aprovechando sus propios medios y hasta sus debilidades.

Su secreto radicó en que no se quedó ahí, llorando su desventura las veces que se presentó la desgracia, sino que siguió avanzando sin parar porque intuyó que el tiempo y la vida no se detienen y no se puede estar desprevenido y dejarse tomar la delantera de los malos episodios por más infranqueables que parezcan. Ella supo aunque no desde el comienzo, –tuvo que aprender con el paso de los hechos y del tiempo– cómo sortear los altibajos del camino y eso es lo que está escrito aquí. Su habilidad de descifrar los acontecimientos más allá del maltrato y salir a flote a pesar de este.

El tiempo pasa y se encarga de poner cada cosa en su lugar, los niños van creciendo y aprendiendo a fuerza, son capaces de adaptarse y responder a los retos que se interponen en su felicidad y van adquiriendo experiencia, basados en los malos ratos vividos. Eso pasó con Yoselyn, las angustias del pasado le sirven hoy para reforzar el espíritu, no recaer y no repetir las conductas de sufrimiento y tristeza de la infancia y la adolescencia cuando la sorprendieron sin darle tiempo de reaccionar. Con el paso de los días y en la práctica ella va aprendiendo y endureciéndose hasta descubrir que ya no se le afecta el alma desnuda, porque a través del camino ha ido fortaleciendo la piel y formando una coraza que la ayudará en todos los avatares y en los momentos más difíciles a mantenerse incólume.

La vida se va aprendiendo en su devenir, nadie enseña cómo hacerlo, sobre todo si no se cuenta con una madre cariñosa que por naturaleza y por amor, si es que no tiene educación, vaya acomodando las cargas del camino, tendiendo una mano y haciendo más soportable la adversidad. Una mano tierna que marque la senda y defienda las decisiones de su hijo, así sean equivocadas y le ayude a mejorar o por lo menos lo acompañe en todos los momentos.

En este caso, como no existió el amparo materno, fue necesario adquirirlo motu proprio, desarrollar olfato de animal, mirarlos a ellos cómo se defienden y cómo cada movimiento que hacen, es cuidadoso para no resbalar, cómo con sigilo y paso firme, se libran, si no del golpe; sí de las consecuencias. Saben asimilarlo y sacar provecho para no seguir tropezando.

Ella, niña aprendiz observa cada movimiento de los animales y se va guiando por sus comportamientos que algunas veces, suelen ser más inteligentes y compasivos que los de las personas.

REFLEXIONES

Al cabo de los años, lo que algunas personas hayan pensado y piensen de mí, hoy no me molesta, si alguna vez me dolió, estoy curada. Nada de lo vivido ha sido planeado para perjudicar ni afectar a los demás, lo hecho ha sido resultado de lo que creí y de lo que pude construir con los elementos que la vida me fue dando cuando pensé y sentí que era lo correcto. Las diferentes opiniones acerca de los resultados, tampoco van a cambiar la situación ni el pasado que es irreversible. Mi manera de pensar y mi aprendizaje, se lo debo a las circunstancias que rodearon mi vida mientras crecí y formé mi propio criterio.

Creo que la gente debe centrarse en su camino y recorrerlo lo mejor posible, que los demás digan lo que quieran, señalen juzguen o acomoden los acontecimientos no debe ser pretexto para fracasar. Lo importante es no permitir que nada de lo que se atraviese detenga los pasos a seguir. Personalmente siempre he superado el infortunio y he salido avante y en adelante pienso hacer otro tanto; seguiré con mi frente en alto, ignorando los dedos que se levanten señalando hacia mí, juzgando mi paso por la vida que, por fortuna he aprovechado a plenitud en lo bueno y en lo malo.

Pueden seguir observándome, criticando mi actuación frente a la vida, reprobando cada uno de mis actos, pueden censurar mis pasos que yo, ya no me detengo, sigo pisando firme, sin escuchar los reproches de siempre, los conozco y me he acostumbrado a ellos. Hoy sonrío, lo hago con humildad y no con arrogancia, porque ahora lo que pueden decir es que lo logré, que saqué fuerzas de mis debilidades para superar los baches y las calamidades del camino. Para alcanzar mis logros, que conseguí mis metas y que en este presente puedo mirar hacia atrás sin esconder la cara, sin rencores ni frustraciones porque cada uno de mis muchos logros, han sido producto de mi esfuerzo. He luchado a brazo partido para llegar a donde estoy y nadie podrá decir que actué irresponsablemente ni que hice daño a nadie.

Hoy, si se ríen, reiré con ellos, reiremos todos, yo con la satisfacción del deber cumplido, con la alegría de mis triunfos a la vista, seguiré firme en mis convicciones y en mis propósitos posando fuerte los pies sobre la tierra que me sostiene, hasta conseguir diariamente lo que haga falta. Sé que otras victorias me esperan a la vuelta del sendero y que seguramente no será fácil conquistarlas y sé que algunas veces me harán trastabillar, pero que yo seguiré salvando obstáculos con la fuerza y la fe que lo he hecho hasta ahora.

Hay ejemplos a seguir, siempre habrá fuerza espiritual y personas que nos inspiren y en quienes debemos pensar cuando creamos que se oscurece el camino, con la convicción de que podremos salir airosos.

El lema es vencer todas las trabas y saber que somos dueños de una gran fortaleza interior que debemos buscar en el fondo de nuestros espíritus y nuestra alma, que ahí estará aguardando para surgir rebosante en los peores momentos, para ayudarnos a superar cualquier adversidad y convertirla en un éxito.

Si aquellos que nos rodean, no creen en nosotros y dudan de nuestro espíritu de lucha y de nuestras capacidades, nos dan la posibilidad de demostrar que con empeño lograremos que nuestro sendero sea brillante, lleno de éxito y alegría, que luego de recorrerlo con serenidad y alcanzar todo lo que ambicionamos, seremos nosotros, los últimos en reír no con prepotencia sino con satisfacción plena al constatar que hemos hecho lo correcto. Será la sonrisa de la plenitud de haber actuado justamente.

CAPÍTULO I

Bueno o malo

Si es bueno o malo, no lo sé, las cosas sucedieron así, no tengo idea qué hubiera escogido de haber podido. Los niños están ahí, son briznas sueltas al capricho del destino, no entienden lo que les pasa, ni el porqué de su existencia, no pueden expresar los sentimientos, a no ser por el llanto, simplemente se dejan llevar, son, están vivos, leves como una hojita al viento, están sujetos al vaivén de los tiempos. Como seres maleables, tienen que responder a los estímulos que llegan de quien está con ellos, permanente o momentáneamente de quien se pose a su lado, deben aprender del que amable les enseña o les impone a golpes, que es una forma común impuesta desde el pasado irracional y vigente en muchas sociedades.

No hay espacio ni tiempo en la conciencia infantil, las cosas pasan y se modifican sin el concurso de los niños. En qué medida pueden alterar su destino, cuánto queda a la contingencia y cómo aprender los grandes o pequeños conceptos de la vida como el amor, la libertad y justicia, cuando les son negados, de qué otro modo sino por la intuición y el instinto de conservación.

Los caminos que toma la vida dependen del azar, así como la concepción y los fenómenos naturales que llevan un curso establecido por ese magnífico programa prediseñado por los siglos de los siglos, no sabemos si podemos quebrarlo a nuestro antojo, si existe una mano poderosa que define ciclos y eras, en el preciso momento en que se juntan dos seres siguiendo los pedidos de su naturaleza, independientemente de ideas, sentimientos o algún otro gesto que gobierne la inteligencia.

En esos instantes repetidos y comunes para cada ser humano, qué lejos la voluntad que está siendo engendrada aunque esté ahí, forjándose en el mismo momento de los hechos. Qué lejos las decisiones o la participación del nuevo ser.

Cuando el instinto imanta dos naturalezas elementales sobre lo demás, los actos se consuman y un instante supremo, una nueva vida se gesta entre la oscuridad de la pobreza, la ignorancia, el hambre y la necesidad de satisfacer lo primario, sin saber lo grandioso que se está produciendo. Luego de las consumaciones, las criaturas deben responder a los estímulos ajenos, a los de aquellos que los rodean, con ellos aprenden el verdadero sentido de las palabras o del silencio, aprenden la libertad o la sumisión, con enseñanzas ejemplares o forzadas a golpes, con prácticas, unas veces bien aprendidas o arraigadas entre la necesidad y falta de educación. En mi caso fue lo segundo, por eso no sé si fue mejor o peor, pero sobreviví.

Nacer es un albur, como serán la vida y la muerte, en ese enorme tablero donde se juega la ficha del tiempo y los acontecimientos. No sé si mi madre me amamantó, no sé si me arrullaba o si me amó, si alguna vez un destello de conmiseración cruzó por su cabeza, ignoro qué clase de sentimientos abrigaba su corazón, talvez era tan indolente que no le importó abandonar a su suerte a una niña pequeña porque solo pensó en su bienestar. De mi padre tampoco sé nada, excepto que un día me tomó de la mano o me llevó cargada y me entregó en esa casa. No sé si le pagaron por mí o si hubo en su decisión algo de lástima para impedir que muriera de hambre y abandono a su lado, si negoció previamente o se le ocurrió a última hora como una solución porque aquella donde me tiró, era una casa con posibilidades, el hogar del hombre que gobernaba los destinos de ese lugar remoto en el campo.

Me depositó como un perrito feo que ha nacido de más, al que no hay dónde tener, como una mercancía de algún valor, o quizás sin él, que hace mejor papel aquí que allá. No sé nada, mi recuerdo nace en las largas horas de trabajo, los golpes sin tregua de aquella mujer a quien debía respeto y obediencia. Recuerdo los esfuerzos para alcanzar objetos que debía lavar o acomodar y la frustración cuando no podía realizar los interminables oficios y me esperaba la paliza brutal.

Recuerdo mis lágrimas represadas y expresadas en el rincón más oscuro de mi noche para que no me costara nuevos insultos y golpes. Los niños no tenemos medida del tiempo transcurrido, solo llegan sentimientos e imágenes una tras otra, cansadas como el cuerpo pequeño donde no caben más latigazos ni injurias, donde era imposible guardar tanta tristeza mientras los demás se veían felices y radiantes con el cariño, los mimos y recompensas de sus progenitores.

No sé si fue mejor o peor, pero así pasó, no sé cómo hice para cuidar hasta 18 niños, pero lo hice, no me llega a la memoria la forma en que los aplacaba, pero lo conseguí. De la misma manera que cociné y fregué trastes y pisos, lo hice, siempre con esmero y empeño, lo hice.

Me concedieron el privilegio de asistir a la escuela y eso lo agradezco, aunque antes debiera preparar la comida de todos y organizar la casa y el almuerzo para los demás habitantes y llegar después del estudio a recoger sus regueros y hacer mis tareas escolares hasta que me venciera el agotamiento. En esos años, nunca vi un gesto de comprensión, ni a alguien que quisiera ayudarme o que intentara manifestarme cariño o amistad.

CAPÍTULO II

La patria chica. San José de las matas

En la República Dominicanas, la naturaleza es muy generosa y los paisajes son como tocados por la mano divina por su exuberancia y color, no obstante bajo tanta belleza se abrigan secretos y tristezas, el paisaje no hace la felicidad y como los ojos se acostumbran a él la gente no lo extraña sino después de mucho tiempo de no verlo, cuando lo mira a través de las fotografías y las promociones para visitarlo y disfrutar de él. Yo lo tenía asociado a mi desventura, hasta ahora lo aprecio cuando lo miro con otros ojos y me parece mentira haber nacido allí en medio de tanta opulencia natural sin disfrutarla como era debido para una menor de edad.

El lugar donde se nace debería ocupar privilegiadamente nuestro corazón sin ninguna duda. Cada quien lo ama de acuerdo a como haya sido tratado y como haya vivido sus primeros años, eso me pasó con ese lugar, lo mencionaba con desdén porque me recordaba épocas amargas de mi niñez.

Suena muy lindo y nací ahí, es un nombre que jamás voy a olvidar y que de todas maneras está ligado fundamentalmente a mi existencia, lo recuerdo como una dura lección en la memoria, con un cielo abierto y un enigma después de los cerritos, pues no sabía lo que me deparaba el destino ni lo que había más allá de ellos.

Si hoy se busca un destino turístico en República dominicana, va a aparecer este lugar con hermosos sitios y hoteles que atraerán la atención de quienes quieran momentos de placer y lindos paisajes para el relajamiento y el descanso en sus vacaciones.

Situado entre Montecristi y Puerto Plata, a 40 minutos de Santiago de los Caballeros, una ciudad principal, San José tiene una historia muy interesante que lo incluye como un lugar a donde aparentemente iban las personas enfermas a curarse de la tuberculosis en su sanatorio construido con mucho espacio y comodidad, tanto que lo convirtieron en casa de gobierno, que el mismo dictador Trujillo habitó por seis meses, después de perfeccionar detalles de la edificación palaciega que remodeló especialmente para su disfrute.

El pueblo existe desde 1605/6 cuando fue fundado por necesidad después de unas devastaciones ordenadas por el gobernador de turno, era paso obligado de quienes se desplazaban a través de la república con intenciones de fundar Monte Plata y luego fue trasladado a una parte más alta por las inundaciones del primer lugar escogido.

San José de las matas, acumula muchas anécdotas de la historia nacional, aunque el que veo hoy no tiene nada que ver con el otro, con el mío, aquel donde nací hace más de treinta años. Construcciones modernas, deslumbrantes, cascadas, ríos, piscinas y sitios a simple vista hermosos, con mucha gente de ropa colorida y cara feliz es el que se publicita, pero ese no es el que fue mío, el San José que formaba parte de mi angustia y mi tristeza, el que fue mi único lugar en el mundo, cuna, campo libre o prisión. El mío era uno muy pequeño que no iba más allá de la iglesia y de la escuela, mi horizonte acababa ahí, en medio de la nada donde la siguiente casa era a varios minutos monte abajo o monte arriba, sin nada alrededor que no fuera el vacío. Allí todo era lejano, era difícil encontrar compañía o amistad de esa misma manera era remoto el afecto que pudiera esperar de algún habitante del área, ahí no había nada ni nadie diferente a los peones rudos en su trato conmigo y los animales que eran mis interlocutores, ellos sí, los pajaritos con su canto, el ganado con el mugido, los perros ladrando. Esas eran las voces amigables, lo demás eran gritos y órdenes, altisonancias que herían mis oídos pequeños, mis ojos siempre húmedos y temerosos y mis sentidos a la expectativa de lo terrible que llegaría al minuto siguiente.

CAPÍTULO III

El becerrito

El becerrito es pequeño, apareció un día, así de pronto junto a la vaca que lo mira con cariño, se nota que lo quiere, él se pega a su madre, se mete debajo de ella para protegerse de mí cuando me mandan separarlos, acaba de nacer, solo conoce su calor y abrigo y se niega a que lo lleven lejos durante la noche. Apartarlo me cuesta mucho porque aun soy muy chica, más que el propio animalito y la noche con sus ruidos me espanta. De día es diferente y no tengo miedo sino de la paliza cuando yerro, por eso cuando escucho algo extraño me preparo, es como si mi piel se hiciera fuerte para lo que sé que se me viene encima.

Busco las manos que golpearán mi cabeza hasta hacerme sangrar por la nariz, me acurruco para proteger mi cara y ocultar la sangre, no sé por qué lo hago como dejando desprotegido, el resto del cuerpo que también me duele, aunque el escalofrío fortalezca mis poros que se levantan a la espera de la descarga, creo que lo hago por instinto, porque es una posición a la que se regresa en el peligro, la forma en que nos abrigaron las entrañas de la madre.

En la oscuridad en cambio no descifro lo que pasa a mi alrededor, presiento los colmillos de las serpientes y mucho peor, aguardo el castigo sobrenatural porque soy mala, todo lo que se mueva a mi alrededor me paraliza porque es lo desconocido, aquello con lo que me amenazan, que me llevará al fuego eterno sin dejar rastro mío sobre la tierra.

La noche es enorme, no tiene límites, no existe una luz que me guíe en esta oscuridad llena de fantasmas con sus sombras gigantes que tapan mis ojos y amenazan tragarme, aun así, toco al animalito para sentirme acompañada.

Lo empujo con fuerza cuando quiere regresar, pero le temo a sus patas y a su rabia, me atravieso a su instinto y a sus sentimientos, ya sé que me he ganado su enemistad, porque creo que llora cuando lo obligo a ir hacia adelante y tiene hambre, lo he visto en sus ojos húmedos y tristes. La vaca también me miró con sus enormes e inexpugnables ojos negros, como reprochándome el mal que le hago al llevarme su cría.

Debo quitarle lo que más quiere, el becerrito corre y trata de regresar, apuro mi paso para correr y obligarlo a mantener su marcha, tiro piedras cerca de él para que el ruido fuerte lo haga correr, mi orden es llevarlo muy lejos donde no sepa cómo devolverse hasta donde está su madre porque si eso sucede, se bebería la leche que quieren negarle y yo sufriría el peor de los castigos por permitirlo. Acoso al ternero como me enseñaron acosándome a mí, me opongo en su lucha por regresar a la vaca, hago todo lo posible para espantarlo y empujándolo lo llevo lejos muy lejos hasta cuando a él y a mí, nos gana el cansancio. Lo dejo extenuado y debo retornar hasta la casa para cumplir con las obligaciones que me impongan, me gustaría quedarme para no tener que buscarlo en pocas horas, pero la oscuridad me aterra para acostarme junto a él y si no llego me lo cobrarán caro.

Ya en la madrugada volveré para desandar el camino que inventé la víspera y darle otras vueltas para que no se lo aprenda. Eso será día tras día hasta que crezca y sea la propia vaca la que lo aparte de su lado porque el ternerito, no necesitará más de sus cuidados. Los animales saben cómo tratar a sus crías y los seres humanos se empeñan en torcer sus maneras que son sabias.

He regresado muy tarde, ahora recogeré los restos de la comida de los demás, limpiaré el piso y la cocina, lavaré la loza y dejaré todo listo para, en la mañana tener tiempo de hacer lo que me toca. Eso sí, voy a cenar porque el hambre acosa. Se me cierran los ojos y hago un gran esfuerzo por mantenerlos abiertos para no romper algún plato porque desataría la furia de quien lo descubra, todos los ojos y los oídos de los habitantes de la casa, sobre todo los de la madre, están sobre mí aunque duerman, ellos deben asegurarse que hago todo bien, aunque siempre digan que no es así y me echen la culpa de sus errores.

Todo era más grande que sus manos que no podían abarcar las cosas de las que debían encargarse, eran más grandes las obligaciones que el tamaño de su cuerpo, cada tarea era superior a sus fuerzas, pero debía realizarla. La cantidad de platos y utensilios superaban sus fuerzas de niña y las ollas eran lo peor y debió hacer muchas piruetas para alcanzar a lavarlas, eran grandes calderos donde preparaban la comida de los peones y ella casi que cabía entre ellas, si se descuidaba, caía adentro al lavarlas y tratar de desprender la comida que se pegaba en el fondo.

–¿Qué pasa que no terminas, necesitas ayuda?

Gritaba la madre y la ayuda a la que se refería, eran unos cuantos tirones de pelo y unos golpes en la cabeza. Le quedaba un ardor en los ojos tras el llanto y un dolor intenso en el cuero cabelludo después de cada incursión materna. Parece que la madre se esforzaba en ocultar los golpes entre el cabello.

No quiero hacer ruido al regresar del campo para que no salgan a darme un nuevo oficio. Me duelen los pies para llegar a la habitación donde duermo. Algunas veces lo consigo, me deslizo como un gato sin zapatos, otras tengo que continuar con las tareas hasta que se cansen de vigilarme y los venza el sueño como a mí. Cada despertar es un desafío, eso ya lo sé y debo enfrentarlo.

Los mayores fijan la forma del trato que nos dan a los niños incluidos los otros de nuestra edad, la madre marcó claramente que yo era diferente a todos y así supongo que me recibieron cuando todavía no tenía manera de acomodar mi manera de actuar o mis recuerdos y así me lo hicieron saber toda la vida que compartimos, aunque algunas veces mis hermanos tuvieron gestos de generosidad hacia mí y otras no.

CAPÍTULO IV

La Mula

El hermano mayor, me encontró un día en el suelo, me había pateado la mula y yo estaba llorando con mi hombro adolorido, en vez de compadecerse, se le ocurrió montarme en ella con la excusa de quitarme el pavor, parecía que se deleitaba con mi miedo. Me imponía las peores tareas, pero aquel otro día que me mandó a recoger la mula arisca, la peor pateadora de todo lo que se tropezara en su camino, la que yo ya había probado, la más brava de los mulos, supe que no lo iba a hacer, prefería que me mataran con los castigos que ya conocía y de alguna manera manejaba, a morir bajo las patas de ese fiero animal o a quedar sin un ojo o lisiada para siempre por una coz terrible de ese rebelde y malvado ser de cuatro patas.

–¡Muévete que no tengo todo el día!- gritó.

Recibí la orden con la cabeza inclinada como siempre y asentí con un movimiento que no quería decir nada, pero salí corriendo sin parar para evitar que él me alcanzara, yo era veloz y conocía el campo y sus baches, pero llegué a una explanada donde no había nada para esconderme excepto un árbol.

Asegurándome que el hermano no me viera, trepé con la habilidad de un mono y me perdí entre las ramas, desde ahí pude verlo rabioso cómo gritaba frustrado llamándome y buscándome.

–¿Dónde te has metido condenada?

Cierro los ojos y no veo nada, no siento nada, no recuerdo nada, solo un instinto de supervivencia me invade y procuro dormir como flotando, así como de puro agotamiento lo hice en esa rama. Algunas veces como ese día me llegaban a la cabeza preguntas que me atormentaban

—¿Seré en verdad muy mala y tendré que pagar por mis pecados?

No tengo a quien preguntarle, qué está bien y qué está mal, no confío en nadie, todos me miran con antipatía, se ríen de mí, me evitan, no me dirigen la palabra, a menos que sea para darme una orden. Sueño con que llegue un día cuando alguien me compadezca y me regale una sonrisa y me trate bien.

Educada por la familia para contraer matrimonio como único fin en la vida, tal como lo hacían con las demás niñas, la mayor ofensa para disminuirla, era malignamente predecir su destino que no sería como el de todas las mujeres:

—No conseguirás con quien casarte y te volverás vieja y fea y estarás sola – dice el padre en son de burla y la niña le cree, se lo repite a diario,

—Él sabía muy bien por qué decía esas cosas– repite la joven dolida.

—También pensaba– y lo dice con gesto compungido, que algún día descansarían de mí cuando finalmente me alcanzara la pata de la mula o muriera de tristeza abandonada y solitaria, llena de preguntas que nadie me respondería.

Volviendo a recordar, solo llegan a su mente imágenes tristes y de desprecio:

—Eres como tu madre-, me dice ella con los ojos llenos de odio hacia la persona a quien menciona. Yo creo que lo hace para que yo llore pensando que soy mala como alguien terrible que ella conoció, una madre que mencionan los dos cuando quieren mortificarme- desconozco el motivo y la persona con quien me comparan.

—Si te casas será a los treinta y seis años – dice ella, esa edad que para mí representaba un tiempo remoto e imposible –

—Nunca se casará, repite él. Todo eso me asustaba, lo de ella me parecía un tiempo eterno y creía firmemente que, tal como lo pronosticaba el padre, nunca llegaría a hacerlo. ¿Quién se iba a fijar en mí, si yo era tan insignificante?

Me daban vuelta en la cabeza muchos interrogantes:

¿Por qué ese hombre que pasa por el frente no me mira a los ojos y ellos dicen que debo respetarlo, besarle la mano, rendirle pleitesía?

¿Por qué dicen que es mi padre, si no vive conmigo, acaso padre no es este que conocí aquí?

Años después me enteraría que a la hora de entregarme en manos de ellos, impuso ese requisito. —Lo único que pido, es que nunca dejen de recordarle que yo soy su verdadero padre — una exigencia sin sentido porque nada de lo que me dijeran cambiaba mi realidad donde él no existía ni como padre ni como nada.

Recuerdo claramente las preguntas que llegaban a mi cabeza:

—¿Por qué seré diferente a las hermanas, ellas son bien tratadas por la madre, por qué no se parecen a mí?

Me miro en el espejo para adivinar en mi rostro una respuesta, pero no consigo entender. Algo extraño sucede conmigo, soy la única diferente en esa casa que considero mi hogar, el único que he conocido y continúo tratando de adivinar de qué se trata, transcurren los días sin que yo logre resolver los interrogantes.

—¿Por qué cuando vienen esas personas malas, me ordenan que me esconda, será que quieren robarme para hacerme algo malo?

Un tiempo después me enteré que eran miembros de la familia de mi madre y aprendí a esconderme por mi cuenta y a temerles cuando se acercaban.

Me escondo de su mirada, pero acecho desde detrás de la casa y los veo averiguando por mí, no me gusta esa gente pues pienso que quieren hacerme daño y talvez por eso, mi familia para protegerme, no deja que ellos sepan que estoy allí ni que me vean. Me inspiran curiosidad, pero no alcanzo a descifrar qué es lo que los mueve a buscarme.

La ruptura irremediable con ellos comenzó desde esa época, cuando ni siquiera era consciente de ello, debía alejarme de esas personas que aparentemente tenían algo que yo no debía conocer y que ninguno de los miembros de mi familia podía compartir conmigo y el sentimiento de rechazo perduró por el resto de mi vida. Me lo moldearon en la arcilla fresca de mi infancia y ahí quedó presente, tallado en mi más profundo ser.

Los sentimientos hacia esos desconocidos, eran de desconfianza, miedo e ignorancia total de las intenciones de esas personas malvadas que talvez que me perseguían para hacerme daños innombrables, tanto que ellos, acostumbrados a decirme las peores cosas y en todos los tonos, en ese caso no sabían explicarme de qué se trataba. Mi corazón de niña también me engañó, porque no pude reconocer que en ellos estaba mi verdadero origen. He debido presentirlo y hablarles, habrían resuelto todo lo que no sabía entonces y talvez hubiera cambiado mi destino.

Todo lo que me dolió, sirvió para enseñarme que hay siempre una posibilidad más allá de la pena. Perdiendo aprendí a ganar, me discipliné y supe aguardar mejores cosas, sin notarlo, también aprendí la paciencia y el deseo de mejorar. En conclusión: lo malo, fue lo mejor que me pasó.

Espero contribuir de alguna manera con los lectores para que no pierdan la esperanza y sepan que ella es la fuerza que nos ayuda a sobrevivir.

CAPÍTULO V

Pajaritos

Me tiro sobre la hierba, me gusta sentir su frescura cuando me abraza con sus manos verdes y amarillas, respiro hondo y miro al cielo limpio. Aquí descanso del miedo y las presiones que me agobian, me dejo ir con el viento, siento que mi alma flota entre las nubes blancas. Soy una nube, soy un ave libre que vuela sobre el campo.

Solo puedo hablar con los pajaritos, ellos desde los árboles me responden cuando me siento muy sola. Con su canto y con su algarabía me acompañan desde las ramas de esos árboles enormes donde guardan sus nidos.

–Pajaritos, tengo miedo-, y ellos revolotean sobre mi cabeza, hacen círculos y cantan.

–Pajaritos tengo sueño- y ellos agitando sus alas y desplazándose de lado a lado me responden que no puedo dormir porque todavía está alumbrando el sol, hasta cuando se junten en bandadas y se vayan para otros árboles, el día está despierto aún y debo seguir su ejemplo de volar como ellos, mientras baja la luz y se esconde atrás de la línea roja donde alcanza mi vista.

Algún día estaré cerca de ese lugar ignoto que me atrae y me habla de la inmensidad, respiro profundo y cierro los ojos como si volara con las aves que llegan muy alto, más allá del alcance de los golpes y las voces estridentes que me amenazan.

Debo llevar la comida a los peones, ellos también son hoscos y me regañan si no les gusta lo que llega en dos grandes portacomidas con seis divisiones para cada uno, que debo llevar al monte, debo confesar que reviso las cacerolas y si llevan dos huevos me como uno, soy muy golosa y hago algunos ajustes a la comida, esa es una de las culpas que cargo, también voy rumiando el salame que cuelgan en la cocina, lo hago así para que piensen que fueron los animales. He oído decir que a los peones en otras partes les dan de comer menos que a los miembros de la familia, como no pasa lo mismo en este caso porque aquí la comida es suficiente y no hay diferencia entre los platos de la casa y los de los peones. Yo arreglo las porciones y aunque me siento llena con lo que he almorzado en la casa, aprovecho y como un poco de lo de ellos cuando considero que va de más. Luego a pesar de haber comido exageradamente, siento un enorme vacío en el estómago que me obliga a sentarme cuando regreso con las manos más livianas sin el peso de los portacomidas llenos, descanso un momento y me echo a correr libremente por el campo.

Tres de los peones me acosan, me dicen que cuando crezca, les perteneceré a ellos. Hay uno en especial que me persigue con vulgaridad, se abre los pantalones y me muestra su órgano genital, se manosea y yo huyo espantada, pero él corre y sigue en sus cosas, luego se masturba frente a mí, diciéndome que todo eso va a ser mío y me amenaza con hacerme daño si se lo cuento a otra persona. Desde entonces le tengo asco y le temo mucho a los hombres. No tengo a quien contarle mis temores ni a quien pedirle que me acompañe para que impida que ellos me persigan.

Mi miedo era mayor porque ese hombre vivía en la misma casa. Una noche que llegó borracho, un perro que tenía, lo atacó y le arrancó la nariz, yo sentí un poco de alivio porque creía que el perrito me había vengado de lo que tuve que padecer por culpa de ese peón. Hoy me avergüenza la crueldad de haber experimentado ese sentimiento de satisfacción.

El domingo cuando con mi vestido bonito, asisto a misa y las oraciones se repiten y los sermones donde el cura habla de lo que se debe hacer y lo que no, de lo bueno y lo malo, me siento bien porque no creo haber cometido pecado —además del de la comida de los peones— y pienso si la madre cree lo contrario porque su mirada es acusadora, siempre siento que me está señalando como la más mala de las niñas.

¿Será que la madre escucha los consejos del sacerdote y cree que castigándome me hace salir el mal del cuerpo? Eso debe ser lo que pasa por su cabeza cuando me mira de manera fea.

Yo creo que ella es buena y que no se equivoca y si dice que algo está mal en mí, debe ser verdad. Con esas culpas falsas voy creciendo en soledad y me vuelvo más tímida y más metida en mis cosas y mis oficios que son múltiples. Obedezco ciegamente las órdenes tratando de no equivocarme, así con mi sumisión, voy restando a mis pecados. La madre no piensa lo mismo y mira con desconfianza todo lo que hago y siempre le encuentra el defecto para justificar sus golpes.

CAPÍTULO VI

La primera escuela y el conocimiento

Algo que parecía inalcanzable para mí y que nunca tomé como una posibilidad, fue educarme y tener la probabilidad de ser alguien en la vida, de aprender a leer y escribir como los demás, lo veía remoto como un privilegio para el que solo los hermanos estaban destinados y que yo seguiría sirviendo y complaciendo las órdenes de todo aquel que quisiera dármelas, pero me equivoqué, un día me alegró la noticia que iba a asistir a la escuela. Me llegó como me llegaba todo, indirectamente y a último momento, pero me alegró y también me asustó un poco por el miedo a lo desconocido.

Comencé mi primaria y ahí me enseñaron algunas cosas, nuevas palabras que me van a ayudar a comunicarme con otras personas fuera de la casa, dibujos que me transportan por mundos de colores. Ahí respiro un aire nuevo, aunque la maestra me mire con recelo y los otros niños se mofen de mi aspecto. No me importa levantarme más temprano y hacer todas mis tareas, servir todos los desayunos y fregar antes de llegar a la escuela, no importa que deba regresar a cocinar y recoger los regueros que me dejan, me gusta estudiar porque ahí hay otra gente y otras voces, cantamos himnos, nos enseñan a rezar y yo puedo creer que alguien me escucha. Siempre creí que nadie me quería y con esa idea, mi vida era triste, pero convivir con otras niñas, me ayudó a distraer esos pensamientos y alejarlas de mi cabeza. Creo que aprendí a vivir resignada, cada momento bueno o malo tal como llegaba.

Hoy alguien con cariño me ha dicho gracias, sentí que esa persona era sincera y estoy feliz, no conocía el sentido de esa palabra, escucharla fue como una música que me produjo un baile de pajaritos en el estómago y me hizo sonreír, me gustan las palabras, son diferentes de todas las que he escuchado hasta ahora, algunas veces vienen en un tono desconocido y me parecen suaves, buenas, me acarician despacito, cierro los ojos y las siento amables, tiernas como los ojitos del becerrito la primera vez que lo miré. La escuela, a donde realmente asistí muy poco, me dio un gusto que no esperaba, no todo el tiempo, pero esos pocos minutos de felicidad me ayudaron a sentirme diferente como si fuera otra, como si fuera libre.

Me dicen que hablo mucho y eso pasa porque como en la casa no puedo hacerlo a gusto, aprovecho la ocasión para escuchar mi voz y decir cosas que antes no había dicho. Todas las experiencias han sido un altibajo de emociones, hubo veces en las que preferí callar porque pequé de imprudencia al querer opinar y expresarme. Me pasó cuando llegó una tía embarazada que vestía la misma ropa que le había cedido su hermana y sin ningún reparo lo comenté delante de todos. Las miradas me fulminaron y de una vez sentí el peso del miedo de lo que vendría luego, pero eso formaba parte de la cotidianidad, creo que hasta me había convertido en 'cabeza dura' como decía la madre cada vez que me la golpeaba, y por eso no medía las consecuencias.

He aprendido a leer, a escribir, ahora puedo hacer dibujos, repito las lecciones de geografía y de historia, también nos enseñan de los animales y de aritmética y geometría, así cuento los días del mes y los meses del año y puedo nombrar adecuadamente las figuras y diferenciar las cuadradas de las redondas y las triangulares. Mi cuerpo va creciendo dentro de mí misma y afuera también crece como mi conocimiento, no soy muy alta, soy delgada como un venado y siento que todo cambia, mis piernas se alargaron un poco y puedo correr con más velocidad en los nuevos juegos que me invento, yo sé que eso pasa, lo de volverse grande, porque también he visto crecer a los becerros y convertirse en toros bravos.

Mientras tanto en la casa, hacen planes para viajar a otro país del que hablan mucho y todos van y vuelven, es como un destino al que todos aspiran. No sé si me llevarán o si por fin querrán librarse de mi presencia como lo han manifestado en todas las ocasiones, pero han actualizado mis papeles de nacimiento, lo hicieron cuando me llevaron a estudiar, los he oído hablar de eso cuando giro la espalda. Esperaré los acontecimientos, pues nadie me dirá nada hasta que pase y sea irremediable.

Oigo decir que es un lugar gigante, seguramente más grande que el cielo azul del campo que me cubre cuando debo trabajar ahí, dicen que allá hay ciudades con miles de casas y edificios altos, con muchos carros y carreteras, quiero estar con ellos en esta aventura desconocida. Mi hermano cuenta bellezas de ese lugar de magia y dinero donde se puede comprar todo lo deseado. Yo no quiero comprar nada sino conocer otros lugares y otras personas.

Me produce curiosidad ese sitio del que todos tienen algo que decir y que parece ser maravilloso. Pronto lo olvido perdida en mi diario vivir y mis deberes que no cesan. Todo lo mío está muy remoto de esos sitios de encanto.

CAPÍTULO VII

El viaje

Todos buscan nuevos horizontes

El viaje ha sido planeado previamente por ellos, se hará con la madre, la hermana, el hermano menor y yo, pero inicialmente, el cónsul se niega a darme la visa y la madre, en un arranque de ira, de valor y creo que de espontáneo aprecio por mí, se le enfrenta diciendo; –si no me le conceden el visado a ella, tampoco visarán a ninguno de los otrosante eso el señor reaccionó y terminó exigiéndole unos papeles que no eran necesarios, pero que el padre tuvo que presentar, viajando desde los Estados Unidos donde se encontraba. Después de eso, ya no tenía pretexto porque se le habían satisfecho todas sus peticiones exageradas y no hubo más problema, conseguí mi entrada al país de las maravillas del que hablaba tanto mi hermano.

Como lo había imaginado, no me entero de la fecha exacta hasta cuando me toca hacer las maletas de los viajeros, incluida la mía. El día que nos vamos pasamos por la capital que es una ciudad grande con aeropuerto, un lugar que no se me había ocurrido que pudiera visitar. Lo que sigue es como en las películas, montaremos en un avión, eso es más de lo que hubiera esperado, voy a ver la línea de la tarde por encima y hasta creo que la pasaré, tal como lo pensaba al cerrar los ojos cuando se escondía el sol. Estoy nerviosa de volar como los pájaros, pero me gana el deseo de conocer otros lugares y me relajo. Bueno eso era lo que yo creía, que estaba tranquila, pero el estómago me saltaba. Cada paso es una sorpresa para mí que miro hacia todos lados no queriendo perder detalle.

La presión es enorme en mi pecho que me palpita con fuerza parpadeo con rapidez y sigo respirando como me lo dicta la emoción desconocida. Siento como si una mula brava se hubiera metido dentro de mí y apretara mis pulmones con su peso. Ninguno de los de mi familia puede hablarme porque van en otros asientos, pero si me levanto puedo mirarlos.

En este avión hay gente muy amable, me dan una silla para mí sola y me dicen cómo amarrarme el cinturón que está pegado al asiento, una señorita habla en la mitad del pasillo y muestra aparatos para ponerse en la boca y un chaleco de colores brillantes por si el avión se cae en el mar, me asusto, la gente que viaja tiene vestidos muy bonitos y coloridos, yo tengo un vestido de una hermana que me han adaptado y me pica un poco, pero no importa el traje incómodo, a pesar del pavor que de todas maneras aunque disimule, representa montar por primera vez en ese aparato, como un carro con muchas sillas y muchas personas.

Me siento importante y diferente a todos los demás días en ese gigante pájaro mágico que en cualquier momento arrancará a volar por el cielo. Me pregunto cómo lo hará con tanta gente y tantas maletas, ¿como podrá levantarse con tanto peso adentro?

Creo que ese día comienzo a quererme un poquito y a creer que merezco buen trato como el que me han dado las personas del avión, si ellos lo hicieron, los demás pueden también hacerlo, será que pienso mucho y muy rápido porque no tengo con quien conversar y a quien contarle mis inquietudes.

Como ya dije, he quedado en asiento diferente al de la madre, pero puedo verla desde ahí. Ella también se ve muy nerviosa, no lo puedo creer, ella va mirando hacia todos lados, pienso que tampoco había montado en avión y si lo ha hecho, seguramente no le gusta porque no tiene muy buena cara.

Después de varias horas y de una comida deliciosa que me dieron –por primera vez en la vida, no era yo la que atendía a los otros sino que alguien me servía, exclusivamente a mí– Esa señorita me preguntó qué prefería, al principio no comprendía, pero cuando me explicó me sentí importante.

Trajeron unas cajitas, cubiertos y bebidas. Del asiento del frente salió una mesita para mí sola, antes que se sentara alguien a mi lado y venciendo la timidez, fui al baño, solo para saber cómo era, me gustó la fuerza con que se soltó el agua del retrete, un lavamanos metálico como de juguete con agua fría y caliente, servilletas de papel para secar mis manos y espejos donde podía mirarme por todos lados.

Después, regresé con pena de ir delante de la gente y que se imaginaran mis necesidades, como sucedía en la casa cuando había visita y yo me aguantaba hasta que estaba sola. Al comienzo cuando me senté y ajusté mi cinturón como me habían enseñado minutos antes y comencé a sentir un silbido extraño en mis oídos, ya habíamos despegado, sentí el ruido fuerte de los motores y vi desde la ventana cómo se alejaban las cosas y se veían diminutos los carros y las personas.

¡Estaba volando como los pajaritos!

Parecía increíble, pero así era, estaba por los aires flotando como una pluma haciendo cosas que nadie me había dicho que eran posibles. Cerraba los ojos y los volvía a abrir, el mundo estaba lejos allá abajo y yo arriba de todo y de todos, de las casitas y las vacas, de los ríos y las piedras, qué felicidad. No todo lo que pasaba estaba bien, algo cambió en mi interior y cuando todo debía ser alegría, me sentí rara, otra vez con el silbido y desalentada, como mareada, como si me fuera a caer, pero seguía atada a la silla. No pude decírselo a nadie, ni siquiera a mí misma, cuando intenté llamar a mi madre tuve miedo, callé como siempre, guardé silencio y me recogí en el asiento como acostumbraba a hacer cuando padecía algún malestar, permanecí quieta por unos segundos hasta que fue irremediable y todo lo que tenía represado me salió sin control a borbotones por la boca.

Hubo unas carreras por el pasillo, me enseñaron dónde había una bolsa de papel en el respaldo de la silla del frente y me explicaron para qué se usaba. Sería para la próxima vez porque ahora había sucedido un desastre que empañaría mi alegría y haría inolvidable mi primer viaje en avión.

La madre desde su silla me mira con cara de pocos amigos que se transforma en miedo cuando ve mi palidez, mientras me recupero sigue mirándome sin dejar el gesto de reproche por no haber aguantado y haber mojado todo el asiento, pero la actitud de la señorita que me atiende es diferente, ella amablemente, me da unas toallas mojadas con agua tibia para limpiarme. Me sentí muy mal, pero las nuevas experiencias me hicieron olvidar el incidente. Supongo que es lo que pasa con niñas campesinas que no están acostumbradas a las turbulencias y a estar viajando en el aire más alto que los pájaros y a mucha velocidad.

Después de varias horas, aterrizamos en un sitio tan grande que no me cabía en la imaginación, hice mucha fuerza cuando el avión tocó tierra creyendo que no íbamos a parar y nos estrellaríamos contra el mundo sin remedio. Llegábamos finalmente al lugar que me había producido tanta intriga en los últimos días. En el aeropuerto lleno de pasillos y ventanas caminaba mucha gente con ropa elegante, como la que vestían los del avión pero en distintos colores y modelos, no eran uniformes oscuros como los de ellos, todo me parecía lindo. Me gustaron los botones dorados de las chaquetas de los pilotos y los tacones de los zapatos lustrosos de las señoritas que nos atendieron en el pasillo. El pelo de las personas iba muy arreglado y peinado.

En el aeropuerto de Nueva York, que era la ciudad más grande del mundo, todo era diferente, como me lo habían hecho imaginar; olía delicioso, a flores concentradas, parecía un desfile sin fin, todo se veía brillante y las maletas y bolsos de las señoras parecían de piel muy suave, algunos zapatos llegaban hasta la rodilla como las botas de caucho que usaban los vaqueros cuando llovía o como las del veterinario que vino cuando iban a nacer los terneros. Eran muy bonitas y con hebillas, cerré los ojos y me imaginé calzando unas de ellas.

Parecía que flotaba y estaba soñando, volvía a la vida cuando me hablaban, debía estar extenuada, pero en las primeras horas, la alegría no me dejaba sentir cansancio, sin embargo el cuerpo iba contra mi voluntad y no se dejaba engañar, buscaba reposo a cualquier precio y terminó imponiéndose sobre mi gusto y mi curiosidad de ver todo lo nuevo que se estaba presentando a cada paso. Cuando arribamos a una casa que ya no recuerdo, sino por el olor que se me quedó por días en la nariz, caí en un sillón y de ahí no pudieron levantarme. El viaje me había agotado tanto que me quedé dormida y pasé muchas horas así. Según me enteré después, no pudieron despertarme aunque me sacudieron.

Comenzaba una nueva etapa que en un comienzo fue maravillosa, luego cuando retomamos la rutina, se parecía a la vieja vida, pero en otro lugar del mundo. Allí tuve que estudiar porque si no lo hacía, ellos tendrían problemas, de modo que ingresé a la escuela donde hablaban en otra lengua, una niña se hizo amiga mía y comencé el aprendizaje del inglés y otras materias desconocidas para una niña de mi condición.

Dentro de la casa la rutina era la misma, la vida allí no era la de ensueño que había imaginado, no era cierto que el dinero estuviera tirado en las calles para tener como único oficio, recogerlo del piso, tal como decía uno de mis hermanos, y adaptarme al nuevo mundo, también me costó mucho llanto y sufrimiento.

CAPÍTULO VIII

Nueva escuela, nuevo acoso

Si bien es cierto que esta nueva escuela, me gusta mucho, que es completamente diferente al pequeño salón en medio del campo donde aprendí mis primeras letras. Aquí hay patios y salones inmensos donde se pueden practicar toda clase de deportes, música y arte y nuevas cosas que marcan una diferencia con la primera escuelita de San José, que no dejo de recordar con cariño, aquella que significó salir un poco de la casa y conocer personas y niños distintos a mis hermanos. Comparar esta con la escuelita del pueblo, es imposible porque aquella pierde aunque en mi corazón gane. Aquí las niñas son muy avanzadas para mi nivel, cosa que se nota cuando abro la boca sin poder pronunciar muchas palabras. Ellas me tiran el pelo y me golpean al pasar como si se tropezaran, se burlan de mí porque no sé defenderme ni conozco el ambiente, ni las mismas cosas que ellas. No sé expresarme en su lengua. Me hacen maldades, porque siempre estoy cansada y se me cierran los ojos, aquí trabajo más que en el campo, me levanto antes que allá para preparar desayuno para todos, limpiar y dejar todo listo antes de ir a estudiar.

Mis ojos se cierran involuntariamente y las niñas me empujan, me tumban del pupitre, me rasguñan los brazos, tanto me persiguen, que la madre debe hablar con el Principal que es como se llama al director, lo hace para poner la queja y todo se empeora con mis compañeras, ahora me dicen palabras y me pegan hojas con escritos en la espalda, es muy difícil estudiar y yo, calladamente sigo adelante, parece que así es la vida. Soy tímida y todos lo saben, por eso se aprovechan. Poco a poco aprendo a manejarme en el ambiente, transcurren los años, sigo creciendo, aprendiendo cosas y comportamientos nuevos que no pongo en práctica porque no tengo una gran amiga o una hermana con quien hacerlo, de modo que sigo igual de penosa.

Me gustaría ser diferente, aprender muchas cosas para estar bonita más tiempo que cuando me visto con la mejor ropa para la hora de la iglesia el domingo. Las cosas comienzan a cambiar en mi ambiente, ya no me miran igual que antes, sobretodo un miembro mayor de la familia que se porta de manera inusual, yo rehúyo su mirada y por el rabillo del ojo sé que ahí sigue observando lo que hago, no es una mirada amable sino pesada, turbia una forma de actuar que yo siento que me hace daño y contra la que tengo que defenderme, la forma como mueve la boca y como me persigue con sus ojos pegajosos me produce miedo y con disimulo lo esquivo y me acerco a la otra gente de la casa para que él no siga viéndome con esas intenciones malvadas.

Él es muy importante y yo no soy nadie, ocupa un sitial de mando en la familia y lo respetan. No me atrevo a decírselo a ninguna persona, ¿cómo podría? no me van a creer y me van a golpear si me atrevo a comentarlo o a denunciarlo frente a alguien. Debo callar, pero me voy armando de valor para enfrentarlo, ya lo hacía cuando me mandaban con los peones y ninguno se atrevió a ponerme la mano encima aunque me lo ofrecían a cada rato.

Siguen las miradas sucias que yo trato de evitar, pero el hombre insiste, ahora quiere tocarme y me defiendo como una fiera, dice que le pertenezco, que no voy a ser para nadie que no sea él, eso me llena de horror, pero me ayuda a prepararme por si me atacara. Sé que no podré hacerlo todo el tiempo y que algún día conseguirá sus propósitos porque es más fuerte que yo. Me ingenio la forma de alejarlo y escurrirme de su acoso, porque adivino su temor a ser descubierto y veo cómo disimula cuando alguien se aproxima.

—si te acercas voy a gritar, le digo con lo que el miedo me deja de voz

—nadie te va a creer, eres mentirosa e insignificante, ¿a quién crees que le creerán, a ti o a mí que soy un hombre importante?

—¡Llamaré a la policía!— le grito. Ya sé que aquí eso es posible y no como en mi tierra donde esas serían palabras al viento.

Eso le ponía una especie de freno en las piernas y lo aplacaba en última instancia cuando las otras palabras no hacían efecto, se calmaba momentáneamente y pasados unos días volvía a echárseme encima, era como un círculo vicioso, él se acercaba y yo lo amenazaba, insistía y yo lo rechazaba, seguía insistiendo y acercándose y yo huyendo despacito, hasta ganar ventaja y salir corriendo. Sólo la amenaza de denunciarlo a la policía lo mantenía calmado, pero pronto lo olvidaba y regresaba con sus ojos desorbitados.

La suerte está echada, han comprado un pasaje para regresar conmigo a República Dominicana, parece que es un viaje de algunas semanas para resolver algunos asuntos que ignoro. Siento miedo porque sé a ciencia cierta, que él irá con nosotros, que allá las leyes no castigan a los hombres que abusan de las niñas y que, aprovechando su condición de superioridad y mando, su posición dominante, sacará ventaja. Además, que tratándose de alguien que no tiene ningún vínculo de sangre conmigo, puede justificar cualquier acción o culparme a mí y le creerán como es la costumbre en un sitio de leyes corruptas y machista como aquel.

Sentía mucho miedo que algún día se atreviera a pasar los límites de mi fuerza y pudiera conseguir lo que quería y no tenía a quien decírselo porque en algo tenía razón; nadie iba a creerme. Es como un perro rabioso, se acerca cuando no hay nadie al lado y se agita como si hubiera corrido por el monte persiguiendo los caballos y yo comienzo a temblar y me paro para enfrentarlo con una firmeza disparada por el mismo miedo que me domina y me ayuda cada vez que vivo las mismas escenas, que hoy por fortuna, ya se han borrado de mi mente.

El tiempo sigue su marcha y los acontecimientos se me confunden en la cabeza. No puedo hacer nada distinto de fregar, cocinar, servir y estudiar. Quisiera descansar un poco, jugar con los niños que veo y me toca cuidar. No es posible, debo divertirme a mi modo, hablarme a mí misma y reír a solas sin miedo a la crítica o al pellizco, cosas que en público no serían posibles.

He crecido sin ningún consejo ni amor de madre en mis necesidades más íntimas, no me enseñaron la forma de responder a los cambios que sufría mi cuerpo ni cómo resolverlos. En la escuela escuchaba a las otras muchachas y aquella era toda la información que tenía.

Necesité de un abrazo maternal, una caricia, un gesto de complicidad y de comprensión y nunca lo tuve, solo me acompañó el reproche y su ceño severo indicándome que todo lo que yo hacía estaba incorrecto y por eso debía pagar las consecuencias.

No hubo una madre amorosa que me explicara la manera de actuar o conducirme, talvez por eso era muy tímida y no hacía muchas preguntas, actuaba como un animalito taimado que rehúye a los demás y se encierra en sí mismo, resolví lo que se iba presentando como mejor pude por mi instinto, con el temor de estar actuando mal, buscando aprobación que no me dieron. Así fui creciendo y fue corriendo el calendario que me convirtió en mujer.

Me consiguieron un trabajo de medio tiempo para compensar los gastos que ocasionaba, lo hicieron en un restaurante de comida rápida, una nueva posibilidad de aprendizaje. Allí se vendían hamburguesas cuadradas con huequitos, era divertido compartir con otras personas y cambiar de ambiente. El trabajo era pesado, pero la ilusión de ganar unos cuantos dólares me emocionaba. Aprendí a manejar la caja, a atender los clientes y a manejar el público que compraba en largas filas. A limpiar y cocinar había aprendido desde muy pequeña. Todo venía preparado en cajas, era cuestión de calentar y preparar las órdenes en cajitas para llevar o para comer dentro del local.

CAPÍTULO IX

El amigo de la familia

Era un hombre joven, se llamaba Johnny, le gustaba ir a la casa de al lado, para buscar compañía y distracción en la conversación. En ese lugar vivía una familia muy numerosa con quienes simpatizaba y donde era bienvenido. Por la proximidad de sus viviendas y sus confidencias, más o menos, conocían la causa de sus desdichas. Les caía bien el muchacho, porque lo veían trabajando y cumpliendo con su deber a pesar de sus problemas conyugales que aparentemente eran muchos y muy graves.

Desde los primeros días que comenzó a frecuentarlos, vio a la niña menor, una muchachita de ojos vivaces que agachaba la cabeza cuando le tiraban objetos cada vez que le daban órdenes que ella corría a obedecer. Cumplía con todos los mandatos aunque parecieran exagerados y era muy efectiva en sus labores según se veía. Le inspiraba lástima la niña, era muy linda y comenzó a encariñarse con ella, luego que los padres, que le tenían mucha confianza, le pidieron llevarla al sitio donde trabajaba y él aceptó, entonces, mientras la transportaba en su carro hacia el trabajo y conversaba con ella, se fue haciendo su amigo.

Presenció muchos episodios de violencia hacia ella y se imaginó que sería un sueño sacarla algún día de ese ambiente hostil y cruel en que vivía, pero eso era algo muy remoto, un pensamiento pasajero y se conformó con seguirla transportando cuando lo necesitaba.

Su vida también era complicada y no podía ponerse de redentor de los problemas de otros, siendo que él no lograba ponerse de acuerdo con la madre de los niños en ese momento cuando ella, una persona irresponsable y lejana, ya no hacía vida en común con él, era una relación irreconciliable que lo tenía durmiendo en la sala.

Trabajaba y cumplía con su deber económico, pero le atormentaba ver a sus hijos descuidados y muchas veces sucios. Colaboraba con el aseo de la casa y de los niños en cuanto le era posible, pero libraba una dura lucha en lo que él hubiera querido, fuera un hogar ideal y era un verdadero caos.

Yoselyn recuerda cómo lo veía. Nuestro vecino Johnny visita la casa, es muy amable y simpático, siempre está conversando muy risueño y se ha ganado la confianza de todos, a la madre le gusta su charla, es muy amigable y ella permite que me lleve en su carro, es respetuoso y se compadece de la manera en que me tratan, gritándome y tirándome lo que tengan a la mano, la madre no disimula frente a él. Ha observado los tirones de pelo y los golpes que ella me da en la cabeza para que no se noten los moretones.

El, por su parte, habla de todos los temas, pero sobretodo menciona los problemas que tiene con la madre de sus hijos quien también lo maltrata, lo insulta, lo golpea con la mano y con objetos que encuentra a su alrededor tirándoselos por la cabeza y lo hace dormir fuera de la habitación conyugal. Dice que es muy complicada la convivencia con ella y por esta razón, dejaron de compartir la vida amorosa hace mucho tiempo, porque es una persona muy difícil, que él sufre mucho por sus niños y está cansado de tener que permanecer junto a ella. Me entero de su drama porque me intereso como si fuera una película en vivo, escucho desde un lado de la sala sus quejas y no me imagino cómo se puede golpear a un hombre tan grande y fuerte.

Él habla y la madre lo escucha con atención, le dice que nunca tuvo una relación normal de noviazgo, de conocerse y salir algún tiempo, de coquetear y estar enamorado, comenta, sino que sus padres lo obligaron a juntarse con la muchacha porque había quedado embarazada después de un encuentro furtivo con él. Ellos le exigieron responder por la nueva vida que se estaba formando, así lo hizo y desde entonces anda tratando de formar un hogar y sobrevivir como familia, pero se le dificulta por la manera de ser que tiene ella y todo se le ha vuelto una carga a cuestas.

En medio de las peleas algunas veces convivieron como pareja y engendraron otro niño que, como el primero también lo llena de alegría. Sus dos niños son la única felicidad que él encuentra en su hogar roto y la razón de todas sus actividades y preocupaciones. Él procura ayudar en lo que puede colaborando con los quehaceres para que no pasen incomodidades y trabaja muy fuerte para responder por sus hijos a pesar de todas las dificultades que representa su relación.

Yo sigo escuchando sus historias desde fuera sin participar en la conversación, no comento nada, pero siento que lo entiendo en sus padecimientos, que de alguna manera se parecen a los míos. Me gusta oír lo que dice porque a pesar de su desdicha, se muestra optimista y habla muy bien de sus pequeños. Mientras conversa con la madre, dirigiéndose algunas veces a mí, yo siento que él me tiene confianza y a mí también me la inspira, por lo tanto se puede decir que somos amigos.

En el trayecto al trabajo, sí conversamos los dos sin interrupciones ni peticiones de la madre, todas esas circunstancias me hacen sentir bien y voy acercándome más a él, confiándole secretos que nadie más ha compartido. Poco a poco, le voy contando historias de mi vida y él me oye con mucha atención, eso es muy importante para mí porque nunca antes tuve la posibilidad de contarle mis cosas a nadie y ahora, entusiasmada espero la hora en que Johnny llegue para llevarme al restaurante. Es la hora de las confidencias, los dos nos sentimos bien. Johnny me mira con compasión y en el fondo de sus ojos oscuros, adivino cierta ternura, eso me hace mirarlo de manera especial, diferente a como miro a todas las demás personas que me rodean, creo que lo quiero, que lo extraño cuando deja de venir durante muchos días.

Para transportarme al trabajo y a la escuela, aprovecho que la madre le ha pedido, llevarme y traerme y me acostumbro a eso. Es la única persona que le inspira confianza a ella porque antes de conocerlo, debía caminar un largo trayecto bajo el sol en el verano o con la nieve y el frío en el invierno. Johnny fue la salvación para mi cansancio.

Mis obligaciones crecen, el trato sigue siendo el mismo de cuando era más chica, pero me adapto a todo lo que tengo que hacer y así pasan los albores de mi adolescencia y entro a la vida laboral que comienza gustándome.

Le pago a Johnny por el transporte, lo hago sacando del poco dinero de mis horas extras que logro esconder del control de la familia, porque el cheque de mi salario, tal como lo recibo, debo entregarlo en la casa, de modo que tengo que hacer 'trampa' con la ganancia de mi tiempo extra, que lo dan separado del pago oficial, para pagarle a él. Lo poco que salvo de las manos de ellos, lo escondo en el fondo de una caja, para en algún descuido, que aún no se ha presentado, intentar darme algunos gustos pequeños. Realmente nunca se dio la oportunidad pues cuando intenté recuperar mis ahorros, no aparecieron. Alguna mano curiosa escarbó en mis pertenecías e hizo uso de ellos, el esfuerzo de tantos días se esfumó, negándome la posibilidad de comprar algo por mi propia cuenta.

CAPÍTULO X

Miedo

En mi casa, el acoso del familiar continúa con fuerza, él pretende tocarme y se acerca hasta que siento que no resisto su respiración agitada, me retiro y se acerca más y más, siento asco y me arrincono, pero me muestro feroz y se lo hago saber con mi mirada, se va retirando poco a poco porque en el fondo sabe que si me hace algo, voy a gritar y lo voy a arañar y voy a correr y a tomar algún objeto para golpearlo, como hacen conmigo. Sabe que no me importará que no me crean, pero que me voy a defender. Todos los días avanza un poco más y yo siento más miedo hasta que se vuelve insoportable la situación. Ahora me tiene con la amenaza de llevarme con él en un viaje que piensa hacer sin ninguna otra persona de la familia.

Tengo pesadillas que me despiertan y luego no me dejan conciliar el sueño, estoy muy cansada, no obstante tengo que cumplir con las obligaciones de la casa y del trabajo, son días terribles, siento ganas de llorar todo el tiempo y no sé qué hacer ni a quién preguntarle.

Solo Johnny sabe mi secreto y mis miedos, él me ayuda con su conversación y con su mirada amable que me demuestra mucho cariño, me inspira un sentimiento que hasta ahora me había sido desconocido, yo quiero a mis hermanos, pero esta emoción que siento cuando sé que Johnny me llevará al trabajo, es diferente y se me alegra la vida. Seguimos conversando y en medio de la conversación ha tomado mi mano cariñosamente.

Creo que lo quiero, que me estoy enamorando, sería muy lindo poder vivir un idilio con Johnny, pero eso parece imposible, no somos novios declarados, pero estar con él, es como tener novio. Mi corazón salta emocionado cada vez que lo veo y lo espero en cada amanecer para que me mire con sus ojos negros y me lleve con delicadeza a trabajar.

Sigue mi vida y sus tribulaciones, pasan los días entre la angustia y el trabajo hasta una tarde en que llego al restaurante a trabajar y descubro que han cambiado el horario y voy a salir más temprano de lo acostumbrado, Johnny se entera de este cambio y muy puntual me recoge.

Aprovechando la ocasión que me da la vida con el horario, que ese día me obliga a salir con anticipación y con Johnny que, conocedor de mi encierro, me propone dar una vuelta, caminar por ahí, sin rumbo para mirar vitrinas, comprarnos un café y disfrutar un poco del momento de libertad que, sin buscarlo, se me presenta.

Lo pienso mucho, es una oferta tentadora sería como una primera cita, pero no me decido, quiero regresar a mi casa para evitar problemas, como siempre que actúo no por gusto sino por miedo. Johnny insiste, dice que aproveche el descanso para conversar, no vamos a hacer nada malo, solo caminar un poco juntos y tomar algo como un helado. Acepto, él me acompaña y estamos felices. Esa tarde, todo lo hago con mucho malestar, me duele el estómago, algo como un gran peso se apodera de mí y la presión la siento en el vientre. Nada me gusta más que estar con él y conversar y mirarnos como lo hacemos siempre, con confianza, aunque en el fondo sé que si se enteran en la casa que no estoy trabajando, me van a matar a golpes, confío en que no pase eso, pero parece que me persigue la mala suerte y que tarde o temprano lo van a saber de alguna manera. No me equivoco, lo que siguió a continuación fue el comienzo del fin.

Llamaron a Johnny preguntando si me había visto y él dijo que no. Perdí el aliento, porque ya sabía con certeza que me buscaban. No tendré escapatoria y la paliza será irremediable. Me golpearán e insultarán, puede ser que no me dejen trabajar más. La sola posibilidad de esto me produce terror, no sé qué hacer porque si regreso ahora, no sabré cómo justificar que no me devolví inmediatamente salí del trabajo. Si no, no tendré qué hacer porque nunca he estado fuera.

El pánico me consume y prefiero cualquier cosa a regresar para que me muelan a palos y acaben conmigo, le pido a Johnny que me deje en la calle, no se me ocurre qué hacer para no regresar. Son momentos de gran angustia porque Johnny también está asustado. Estamos metidos en un gran problema sin proponérnoslo. Con toda la fuerza del miedo pronuncio unas palabras que nunca creí que diría:

Huyamos, no sé para donde, pero no puedo regresar a mi casa, me matarían. Ellos siempre piensan lo peor de mí y me castigan por lo que creen.

Un frío me recorre el cuerpo cuando los pienso, le ruego a Johnny que no me devuelva allá, creo que toda la gente nos mira a través de la ventanilla del coche y van a traer a la madre para que me lleve con ella arrastrada de los pelos y acabe con mi vida o que me entreguen a la persona que me acosa, para que al fin consiga violarme como desea.

Estoy completamente perdida y sin esperanzas, lloro mucho hasta asustar a Johnny. Comenzamos un camino errático porque no sabemos a dónde ir ni con quién hablar, todos pueden ser nuestros enemigos, no hemos hecho nada malo, pero estamos tan nerviosos como si hubiéramos cometido el peor de los crímenes.

Dios ayúdame a pensar porque no puedo hacerlo, ayúdame a encontrar un lugar donde acurrucarme para que no me alcancen los golpes que me aguardan en mi hogar, no me atrevo a volver a ese lugar.

Todo está perdido para mí que no he hecho nada censurable, solo miramos las vidrieras y conversamos, la tarde se pasó en palabras que pronunciamos sin ninguna malicia. Todas eran historias de nuestras vidas como si diciéndolas el uno al otro nos libraran de su peso de tristeza.

Entramos en un ambiente desconocido, nos gustaba estar juntos, nos entendíamos en algunas penas de soledad que Johnny escuchaba sin enojarse conmigo como lo hubiera hecho cualquier miembro de la familia, por eso nos distrajimos y se pasó el tiempo y ahora no podemos volver.

Poco a poco la desesperación se apodera de mí, lloro, grito y ya no sé qué hacer, sigo llorando como si con las lágrimas limpiara mi miedo y mi extravío, Johnny no sabe qué hacer ni cómo calmarme, se detiene, vuelve a conducir, estamos realmente perdidos.

No paro de llorar y de temblar, no quiero ni pensar lo que pasará, la forma en que me castigarán si me encuentran. Cada minuto que pasa, la situación se complica porque llega la noche y con ella todos los monstruos del terror que me han acompañado desde niña, desde que tengo memoria.

Sí, eso, no puedo dejar que me encuentren, tengo que huir y cubrir mi cabeza para que los golpes no lleguen. Pienso en Dios, le imploro pero creo que ni él puede ayudarme, nadie puede ayudarme, siento rabia con Johnny porque me dio la idea de quedarme caminando por fuera de la casa y por mi debilidad de haberlo aceptado y ahora me van a matar.

¿Qué hacer? No lo sé, jamás se me hubiera ocurrido llegar tarde, o quedarme por fuera sin tener que trabajar, tengo mucho miedo, mi estómago se rebota y quiero vomitar como en el avión.

Alguien tiene que ayudarme, no sé quién, pero alguien tiene que tender la mano para que este día no llegue mi final. – ¡Dios mío!, ¿por qué me tienen que pasar estas cosas a mí?, no tengo a dónde ir, no le tengo confianza a nadie como para pedir ayuda, estoy desesperada.

En medio de mis gritos, Johnny reacciona, no quiere que llore, se conmueve y me promete que algo se le va a ocurrir, pero ese algo no puede ser el regreso, prefiero dormir en la calle, caminar y caminar hasta que amanezca y el cansancio no me deje sentir este miedo que me dobla, algo tiene que pasar, alguien tiene que aparecer, pero ¿dónde está esa persona que me salve?

Me bajo del carro, corro y Johnny me persigue, pone el carro contra el andén con las luces parpadeando y corre tras de mí, me arrodillo y me rindo, él me dirige con su brazo sobre la espalda, me siento protegida como nunca antes, me recuesto en su hombro y camino con él, me duele la cabeza pero consigo un poco de reposo. Volvemos al carro y Johnny dice que irá a donde un amigo suyo, que él está seguro nos recibirá. Es muy tarde, cada vez más tarde y hacia allá nos dirigimos.

Tocamos la puerta del amigo que se sorprende al vernos juntos, habla con Johnny y nos acepta, solo por una noche, nos tiramos en el suelo, ya no tengo tiempo de tener miedo, estoy extenuada nunca he compartido tan cerca con un hombre, pero no me importa, me arrincono y todo el cansancio del día nos cae encima y nos aplasta en un sueño profundo de pesadillas por venir, veo ojos por todas partes, manos que me agreden, veo al familiar que me persigue para hacerme daño con su mirada afilada que me corta el aliento y detrás a la madre que ignora cómo él me ve y me amenaza con su mano levantada, veo al hermano mayor obligándome a estar entre las mulas, veo al becerrito, a todos los becerritos que lloran por su leche fresca que les negaron, y así transcurren los tres primeros días fuera del hogar que me albergó por todos estos años. Fueron horas terribles las que vivimos, no comimos durante esos días, al cabo de los cuales el hambre nos sacó hasta el restaurante de un primo de Johnny donde pudimos deleitarnos con todo lo que nos dio, afortunadamente, porque estábamos a punto de desfallecer y caer desmayados en cualquier esquina.

Para cambiarnos, porque no teníamos otra forma, ni otra ropa, por la noche lavábamos lo que llevábamos puesto y lo extendíamos, pero no alcanzaba a secarse y volvíamos a usar las mismas prendas mojadas a la mañana siguiente. No había alternativa.

Amanece un nuevo día, con sensaciones desconocidas y debemos preocuparnos por buscar un albergue, un lugar donde no nos alcancen los gritos y los malos tratos, ya estoy fuera de ese ambiente y me siento rara, pero bien. Voy entrando con timidez a mi libertad.

Nunca se borrarán de mi memoria aquellas horas, dicen que el tiempo resuelve todo y mi tiempo comienza a correr. El segundo día persiste el miedo de la víspera, pero de diferente manera, ya tengo una fuerza que empieza a nacer allá adentro de mi pecho, una luz que me da calor e ímpetu, seguimos buscando entre la familia, pero no sabemos cómo reaccionarán y mejor desistimos de recurrir a alguno de ellos. Los amigos de Johnny son pocos y no encontramos nada, regresamos a la casa donde dormimos la noche anterior.

El amigo de Johnny, nos vuelve a dar posada hasta cuando se entera que me busca la policía, mi familia ha denunciado a Johnny por secuestro, entonces el señor, espantado nos pide salir de su casa para no verse inmiscuido en líos legales. La tragedia se avecina, se agranda el miedo y la desesperanza, va y viene con las sensaciones terribles de siempre, pero no viene solo, llega acompañado de nuevos sentimientos e interrogantes.

Agotando posibilidades, vamos hasta donde un tío de Johnny y dejamos el carro allí para recogerlo después, lo que intentamos con eso es despistar a quienes nos persiguen, no ponernos en evidencia con la familia y la policía. Logramos burlar la vigilancia de mis hermanos, pero alertados por el tío, llegaron los padres y un hermano de Johnny hasta el lugar, sabiendo con seguridad de nuestra presencia allí. Por intermedio de ese mismo familiar, recibieron la información de todas las penurias que estábamos pasando y más alarmados que disgustados, fueron a comprobar por sus propios ojos, la verdadera situación. Llegaron a tiempo, porque ya no sabíamos qué hacer, ni para dónde salir a buscar alojamiento y comida. La señora se veía muy enojada, pero madre al fin, preocupada por el destino de su hijo, yo estaba muy nerviosa, pero en medio de todo alegre de saber que alguien se preocupaba por nosotros.

No sabía lo que pensaría de mí después de tantos contratiempos en la vida de Johnny desde tres días atrás cuando se vio revuelta con la mía. Con expresión muy seria, se dirigió a mí, me miró directamente a los ojos, yo sentí que me desvanecía, entonces con una voz ruda, me dijo:

—Déjame verte la cara — me escrutó con una expresión muy severa y sin sonreír, prácticamente me ordenó:

— ¡Súbete al carro ahora mismo!—, ahí modificó el tono, que esta vez me pareció condescendiente

—rápido, antes que te vean porque la policía y tu familia te están buscando y te van a matar a golpes. Sentí ese cambio en la voz, que a pesar de su dureza, me inspiró confianza, creí que esa era su manera de darme la aprobación sin necesidad de más palabras ni explicaciones, eso determinaría que a partir de entonces, compartiéramos como familia sin problema y sin llevarnos mal.

Nos llevaron para su casa y nos encerraron en un cuarto del que no nos permitían salir ni a la sala, estábamos como prisioneros, hasta allí nos hacían llegar la comida, privilegio que agradecíamos, sabíamos que lo hacían por nuestro bien, para que nadie tuviera la posibilidad de vernos por una ventana y condenarnos a los peores castigos. Ahora él también era blanco de la enemistad y antipatía de mi familia, ellos creían que había abusado de su confianza porque desconocían que yo lo obligué por mi miedo.

CAPÍTULO XI

Más cambios

La madre de Johnny es una señora de carácter muy fuerte, pero dueña de un gran corazón. Cansada de la situación de zozobra que estamos viviendo en su casa, habla con un familiar en el sur del país y le paga 700 dólares para que nos recoja y nos traslade a la Florida para evitar el peligro de que nos encuentren y nos destruyan.

Me emociono, iremos a tierra caliente como en República Dominicana, eso me da esperanzas de un comienzo sin ataduras aunque el miedo corroe mis entrañas. El viaje dura más de un día, pero la presión de la ciudad va cediendo, ya no tengo que escurrirme en el asiento para que no me vea la gente que camina por los andenes de donde hemos vivido desde que llegamos a New York, esas personas que entran a las bodegas a comprar las viandas para su sustento, cada una de las cuales me parecía una amenaza, aunque nunca las hubiera visto, pensaba que me iban a señalar porque eran amigas de la madre o del padre.

Llegamos al sur de la Florida, me acaricia el calor al que mi cuerpo estaba acostumbrado donde nací, las casas son modernas, las calles son amplias, hay muchas plantas verdes y florecidas, todo parece nuevo, conseguimos albergue.

Pasan unos días en los que tratamos de acomodarnos, pero las presiones son muchas, una viaje tan forzado, sin ningún planeamiento empieza a convertirse en un desastre y después de unos días, Johnny huye acosado por el miedo de caer preso. Haberme ayudado se convirtió en su pesadilla, nunca las cosas forzadas funcionan y la cuerda termina rompiéndose por lo más débil. Él ha abandonado a su familia, la mujer con quien ha vivido los últimos años y lo que es más importante que ninguna otra cosa o persona: sus hijos.

Se va y quedo sola como antes, me recomiendan una señora que maneja una estación de gasolina, Inicialmente me cuesta mucho trabajo encontrarla la busco desesperadamente y no la consigo, insisto por mucho tiempo y cuando la encuentro, le ruego, lloro para que ella me dé el trabajo. Ella tiene sus dudas, me mira con incredulidad y me dice que no voy a poder porque debo hacer mucha fuerza, mira mi estatura y mi peso con desconfianza pero yo insisto durante varios días, en vista de la demora en responderme, termino pidiéndole a gritos que me dé trabajo, le digo que haré lo que sea necesario,

—soy frágil, pero las ganas me sacarán la fortaleza que necesito para salir adelante— le digo casi llorando y ella acepta. Me da la posibilidad de trabajo en su establecimiento, debo hacerlo de sol a sol.

Ella finalmente atiende mi solicitud, porque aunque no lo acepte necesita ayuda, los días se encargaran de demostrarle la efectividad de mi labor que superó todas las expectativas. La colaboración era mutua. En el primer momento, la de ella fue una mano que se tendió en la situación triste que yo atravesaba.

Mi trabajo consistía en responder por todo lo que se presentara durante el día. Fui asistente aseadora, vendedora, responsable de la mercancía, y un largo etcétera. En la noche debía llenar las refrigeradoras para que estuvieran surtidas en las mañanas para atender el establecimiento donde se venden toda clase de productos: café, sándwiches, bebidas frías y calientes, comida empacada como papas fritas, chocolates y variedad de golosinas ya en la tarde, cuando bajaba el trajín, era la cajera y así agotaba los días y el tiempo sin pensar en mis necesidades personales.

A la señora no se le ocurrió proporcionarme la comida y yo no la pedía, así que pasaba los días de largo sin ningún alimento. La explicación era que no estaba acostumbrada a reclamar mis derechos ni a exigir lo que no sabía si merecía.

Después del horario exagerado de trabajo y de acostarme con hambre durante muchos días, me desmayo. Eso hace reaccionar a la señora que me ofrece algunos alimentos de los que sobran (los que no se venden), antes no me atrevía ni a pensar que eso se podía hacer. Guardo parte de mi salario después de pagar por el sitio donde vivo donde también contribuyo a limpiar y ordenar. Voy aprendiendo a manejar mi soledad y a administrar mi tiempo.

Mi rutina no cambia en cuanto a trabajo y estoy acostumbrada a duras y largas faenas, pero ahora me siento más abandonada y más sola que nunca. Inicio un largo proceso donde tengo que enfrentarme a mi propia vida y debo aprender a manejarla sin dependencias. No es fácil porque nunca lo he hecho ni he decidido nada. A fuerza de golpes y contratiempos, de experimentar nuevas sensaciones que no son precisamente de bienestar, continúo mi marcha aunque ya algo de libertad se asoma en el panorama, voy aprendiendo a ubicarme en el nuevo terreno.

Parece que todo en la vida es así y que hay que aprender de las derrotas y nunca claudicar, seguir adelante aunque nos duela el alma y acorazarnos para todo lo que llegue, que nunca se sabe cuán duro será. Lo intuyo de acuerdo a las cosas que me suceden y me resigno a esperar lo que se avecine que nunca se sabe qué será.

CAPÍTULO XII

Retorno

La historia de Johnny con muchos problemas con su pareja lo marcó hondamente, el maltrato de parte de ella tanto con él como con los niños, lo sigue atormentando, siempre se caracterizó por ser paciente y bien educado para no atreverse a agredir a una mujer o ser capaz de responder de la misma manera el trato desconsiderado de su compañera, tampoco quiso imponer sus normas con carácter fuerte, dejó que la situación se saliera de control y pagó caras las consecuencias de sus actos porque los niños quedaron en poder de ella mientras sucedieron los episodios que lo llevaron lejos de New York. Él que los extraña mucho, no deja de pensar en sus hijos y de querer verlos a cualquier costo y está dispuesto a todo con tal de visitarlos.

No se arrepiente del camino que ha tomado su vida, del vuelco repentino de su destino que le parece incierto y no es para menos, sus sentimientos están revueltos y no es porque extrañe su vida anterior, sino que se siente infeliz sin recibir noticias de los menores. No quería seguir improvisando y trató de enfrentar las cosas como fueron llegando, no obstante el esfuerzo, su corazón estaba dividido. Ya en la Florida comenzó a sentir un vacío sin esos dos pequeñitos que eran la razón principal de su vida. Tenía a Yoselyn, pero sin ellos su realidad era triste y aunque era diferente a la de unos meses atrás, él necesitaba saldar cuentas con su pasado de una vez por todas y resolver la situación con sus hijos.

—Era como si dos imanes me tiraran desde lados distintos— dijo al referirse a Jackie (nombre que le habían dado a Yoselyn en la casa de su familia de crianza), por un lado estaba ella y por el otro tenia a esos dos seres que no tenían la culpa de nada de lo que acontecía a su alrededor y eran su responsabilidad.

Los quería a todos de igual manera y no se imaginaba la vida sin ella y tampoco sin los niños, ya la ausencia y la falta de noticias sobre la vida de sus hijos, lo había atormentado durante el tiempo de la travesía a Florida y desde el mismo momento en que tomó la determinación de irse con la mujer que ahora sabía que amaba intensamente.

Una gran barrera se atravesaba en su felicidad, no podía estar a gusto sabiendo que los niños no estaban en buenas condiciones. La duda y la lucha interior lo mataban todos los días, el hecho de ignorar si habían comido, si estaban solos o si tenían el cuidado adecuado, no lo dejaba ser feliz, de modo que sin planearlo adecuadamente, tomó la decisión precipitada, de regresar a verlos.

Volver a New York era un riesgo, pero lo asumió y trató de cuidarse lo mejor posible, llegando de noche para no ser visto por la familia de Yoselyn, que vivía al lado de la suya. Iba deslizándose en la calle con mucho sigilo cuando un carro que pasó, lo divisó y dio reversa haciendo chirriar las llantas sobre el pavimento. No alcanzó a reaccionar cuando el hermano de Yoselyn, le cayó sobre la espalda y lo molió a golpes.

Johnny no le respondió ni uno solo de los golpes, porque en el fondo sabía que tenía una culpa que pagar. El muchacho se dirigió al carro y extrajo un bate para rematarlo en el piso donde Johnny, sin reaccionar, estaba tirado por la golpiza.

—este es el fin, de aquí ya no salgo vivo— se dijo, trató de encomendarse a Dios y cuando el hermano de ella levantó el bate para descargarlo con toda la contundencia de la rabia que llevaba adentro, apareció un carro de policía con sus luces y el joven, tuvo que desistir de su intento. Para la familia de Yoselyn, especialmente para él que parecía quererla sinceramente, Johnny era un secuestrador que se llevó una niña inocente.

Al ver llegar los policías, el muchacho disimuló, lentamente se volvió a montar en el carro y arrancó con cautela, para no ser arrestado por el acto violento que acababa de cometer y el peor que habría perpetrado si ellos no hubieran llegado a tiempo

Como un perro apaleado, Johnny llegó hasta la puerta de la que fue su casa, llamó dando golpecitos con los nudillos de su mano derecha y cuando desde dentro preguntaron:

—¿Quién es?-, él respondió rápidamente lo primero que se le vino a la cabeza

—La policía-, la puerta se entreabrió y alguien la sostenía desde adentro, él atravesó la pierna para evitar que se la cerraran en la cara, se trataba de la madre de los niños que obviamente reaccionó mal con el hombre que la había abandonado e inmediatamente llamó a la policía.

La calle se llenó de sirenas y de luces azules y rojas como si hubiera ocurrido un asesinato.

El policía que llegó primero ante él le preguntó,

—¿Qué haces aquí?

—Quiero ver a mis hijos-, le respondió el hombre con su rostro magullado y esa expresión de bondad que enamoró a la niña de al lado. El policía conmovido, se acercó a la mujer y le ordenó, —Déjale ver los niños—, ella asintió y Johnny, finalmente pudo estar frente a su niños que dormían.

Vio sus piecitos cubiertos de una capa de mugre espesa que denotaba que habían caminado descalzos y no se habían bañado en varios días. Enternecido se tiró a su lado y los abrazó y los besó como había deseado hacerlo desde el día que intempestivamente, cambió su destino.

Cumplido su sueño, se levantó dispuesto a todo, extendió sus manos para que lo esposaran y se resignó cuando sintió que estaba perdido e iría derecho a la prisión y luego a República dominicana deportado como un criminal. Pensó rápidamente en la pesadilla que se avecinaba, pero sumiso, obedeció las órdenes del policía que lo sacó a la calle acercándolo a la patrulla. Lo que siguió lo dejó estupefacto

El policía sin esposarlo. Lo miró y le ordenó:

—Súbete al carro-, él obedeció y se llevó una gran sorpresa al escuchar el tono de las siguientes palabras que pronunció el policía:

—Te voy a sacar de esta zona y no regreses, que esta gente te tiene sentenciado y si no desapareces, te van a matar.

Para Johnny, ese era el segundo milagro de la noche, siguió caminando por la calle y tomó un bus que lo llevaría a dos horas de distancia del lugar.

Ya allí, decidió caminar otras dos horas hasta la casa de un amigo, que era la única persona en el mundo, que él sabía que lo ayudaría, dándole posada por esa noche.

Su familia vivía cerca del amigo, pero sentía vergüenza de enfrentarlos, sabiendo que seguía actuando emotivamente, primero dejando todo por seguir a Yoselyn y ahora abandonándola a ella para regresar a donde era perseguido y donde como ya lo había confirmado, corría peligro. ¿Con qué cara los miraría a los ojos después de todo lo que habían hecho para ayudarlo a irse de ahí y a sobrevivir en la Florida?

Comenzó a caminar y cuando levantó la cabeza, vio a su padre que venía hacia él, se asustó, corrió como pudo y se refugió en un restaurante a donde el señor entró para encontrarlo, pero Johnny se encerró en un baño de donde no salió hasta pasada una hora, cuando se aseguró de no encontrar a su progenitor. Estaba confundido, sin saber cómo reaccionar ante su gente, era un niño asustado que no entendía, que si sinceramente explicaba todo el proceso ellos talvez lo entenderían.

Mucho tiempo después llegó donde el amigo que terminó invitándolo a caminar y lo llevó exactamente a la nueva casa de sus padres que se habían mudado durante su ausencia a un sitio que él no conocía. Lo hizo a propósito porque creyó que era la única forma de hacerlo entender que su familia era un respaldo y no unas personas a quienes debía temer, y no se equivocó.

Ellos, como siempre, le brindaron su apoyo total y Johnny entendió que su amigo había hecho lo adecuado y lo había conducido hacia el lugar donde él no sabía que estaba la verdadera esencia de su vida y sus afectos incondicionales; su familia.

Como nada es perfecto, ahora padecía por su Yoselyn, esa mujer que había sufrido tanto en manos de quienes la educaron y a quien él también le había proporcionado tanto dolor al abandonarla a su suerte. No sabía lo que debía hacer para conseguir su perdón, pero sí sabía que estaba dispuesto a todo para volver a estar con ella.

Muchas veces en la vida no se sabe hacia dónde irán las cosas, por eso se debe ser cuidadoso y previsivo para no herir a quienes amamos, esa debe ser la base sobre la que se posen todas las actitudes. Actuar de corazón y tratar de hacerlo correctamente. Eso solo se aprende en el camino, cayendo es como Johnny se enterará que es posible levantarse. Si no se cometen errores, no se podrá apreciar lo correcto y lo que no se debe hacer. A golpes aprendería este muchacho enamorado de su compañera y de sus hijos que el mejor camino para evitar confusiones y no herir susceptibilidades es hablar y expresar los sentimientos abiertamente.

Es duro el aprendizaje, pero es la única escuela que no se escoge y en la que no se puede fracasar. Siempre se debe aprovechar lo vivido para no repetir lo que se hizo mal.

CAPÍTULO XIII

Extravío

Durante los cuatro años transcurridos desde la tarde aquella cuando dio un paseo inocente que le cambió el destino, Yoselyn no estuvo en contacto con la familia, los recordó y los extrañó. Intentó infructuosamente la forma de comunicarse con ellos. Tras su permanente negativa a contestarle, padeció etapas depresivas muy hondas, acomodarse a su nueva situación le costó mucho esfuerzo y desgaste emocional, para ella que nunca había salido de su casa, que nunca antes pasó una noche fuera, implicaba un trauma muy grande vivir con un hombre sin haberlo planeado, necesitó un largo proceso en el engranaje de sus sentimientos y su realidad, muy diferente a la forma en que estaba acostumbrada a vivir.

El ir y venir de las circunstancias, la tomaban por sorpresa y demoraba tiempo en acomodar sus sentimientos y sus vivencias, muchas veces no entendía lo que le estaba pasando y se sumía en la melancolía, ensimismada en sus pensamientos.

Con muchas preguntas sin respuesta, tuvo crisis enormes que la llevaron a planear el suicidio en tres ocasiones. Por fortuna los intentos de terminar con su vida, no alcanzaron a llevarla más allá del vómito y ni siquiera su pareja llegó a enterarse y le creyó sus explicaciones cuando le dijo que no lloraba sino que se trataba de una gripe muy fuerte que la aquejaba.

Los recuerdos la torturaban, sabía que ellos eran su familia, no tenía en su memoria convivencia con alguien diferente, ni más hermanos que quienes compartieron con ella y al lado de quienes creció.

El trato que recibió en su infancia, lejos de endurecer sus sentimientos, durante el tiempo de ausencia, la sensibilizaron en extremo y mantenía con el alma a flor de piel. Quería saberlo todo de ellos; cómo estaban, cómo se sentían desde que ella no estaba a su lado, pendiente de sus caprichos. Se preocupaba de su suerte, al extremo que un día, sintiéndose desamparada y abandonada, decidió que no podía seguir lejos de su casa.

Durante el tiempo en que Johnny se había devuelto para allá y la había dejado sola, olvidó sus temores por un momento, alistó sus maletas para regresar. Estaba dispuesta a todo, a escuchar sus insultos y sus gritos a humillarse regresando como el perro apaleado con el rabo entre las piernas a lamer la mano de sus verdugos y hasta a recibir los golpes con tal de no sentirse tan infeliz.

Recurrió a una amiga para que le anunciara telefónicamente a la madre su regreso, porque no se sentía capaz de hablarle así de un solo golpe, sin ninguna preparación después de tanta negativa, ella lo hizo, llamó a la señora, la saludo y se la pasó a Yoselyn, la mujer al reconocer su voz, le cortó la llamada sin darle posibilidades de hablar, mucho menos de explicar, ni de comentar nada acerca de sus sentimientos hacia ellos y su interés de volver a verlos y seguir a su lado como siempre y como si nada hubiera sucedido.

Después del nuevo revés recibido con la ausencia de Johnny, se resignó y siguió en su intento de salir adelante como una mujer sola, sentía que iba a desfallecer cuando recordaba la forma atropellada como había llegado hasta ahí, el miedo que tuvo cuando recordaba cómo se sintió descubierta por salir temprano del trabajo y haberse distraído conversando con Johnny. Ahora no sabía si tanto sufrimiento había valido la pena.

CAPÍTULO XIV

Vida en común

La vida en común era complicada, tenían que pasar por muchas dificultades y superarlas para irse adaptando el uno al otro. Johnny vivía en la cuerda floja, padecía mucha angustia por el destino de los niños, la suerte una vez más estaba de su parte. Debido a razones de maltrato, desconocidas por él en ese momento, la madre de sus hijos, estaba en la mira del departamento de niños en la ciudad de New York y fue llevada a una corte para responder por el abandono en que los mantenía y la falta de cuidado con ellos, amén de otros delitos de que estaba siendo acusada. El mayor de ellos, dijo algunas palabras y en su lenguaje infantil de solo cuatro años, logró expresar sus sentimientos y la situación en el hogar, que era insoportable para ellos, quedó al descubierto frente al juez.

Pasado un tiempo que a Johnny le pareció eterno, la señora perdió la custodia de los menores y después de un año, los niños quedaron a cargo de él, quien ahora con su felicidad completa, va a buscarlos y regresa triunfal al hogar renovado, con el fin de educarlos y vivir tranquilo al lado de todos sus seres queridos juntos por primera vez. Un regalo de la vida que era lo único que pedía para ser totalmente feliz y vivir a plenitud.

Comenzamos una nueva vida, salvando todas las dificultades. Una vida emocionalmente equilibrada, trabajamos fuertemente, vencimos mil problemas y fuimos construyendo, no solo una relación sólida, sino un futuro digno para los niños y un presente bien logrado para nosotros- dice con una enorme sonrisa. Pero no fue gratuito.

No sabemos cómo fueron ocurriendo y conformándose las cosas de acuerdo a cada circunstancia no siempre buena, solo sabemos que tratamos de actuar lo mejor posible en la medida de nuestras posibilidades y privaciones y que nunca frenamos en el intento de construir una vida digna para todos los que ahora, formábamos el nuevo hogar, agrega Yoselyn.

Inicialmente mi actitud es de sumisión, no puede ser distinta porque a eso he estado sometida y siento que así debe ser, estoy acostumbrada a inclinarme, pero la vida poco a poco, me va enseñando a valorarme, a creer en mis capacidades, a ganar mi independencia. Cuando tengo algunos miles de dólares ahorrados, busco una casita para vivir, no es tan fácil el proceso, pero lo voy consiguiendo, creo que se me ha endurecido el alma y puedo mirar hacia atrás sin miedo.

Me inscribí para terminar mis estudios que había dejado truncos, algunas veces caminaba dos horas para llegar a la escuela y dos para volver, en ocasiones esperaba hasta las doce de la noche que Johnny me recogiera. No siempre se comportó como un hombre enamorado, el también seguía los patrones de comportamiento aprendidos hacia las mujeres y aunque nunca me agredió físicamente, sí me hizo sufrir cuando se enojaba. Me dejaba en la calle de noche como probando mi resistencia y me miraba desde lejos. Lo hizo hasta que se me acercó un carro y un hombre me habló desde adentro bajando la ventanilla. Me asusté mucho y no miraba a la persona que estaba dentro por miedo a lo que me fuera a decir o a hacer, por fortuna, se trataba de un señor que me preguntó si todo estaba bien, yo le contesté que sí y él se alejó. Ahí se asustó y recapacitó. La diferencia de Johnny con todas las personas que me rodearon durante mi vida, era su nobleza, él al final de los problemas, reaccionaba bien.

En esos días, Johnny me había amenazado con volver a New York y yo le dije que sí, que ya no aguantaba esa vida que era peor que cuando estaba en esa ciudad con mi familia. Lloré mucho, llegué a pensar que me quería cobrar el sufrimiento por estar lejos de sus hijos porque era la época en que no sabía de ellos. Yo sabía que tenía razón y que terminamos juntos accidentalmente. En ninguna circunstancia de la vida y mucho menos en el amor, se puede forzar al otro, eso lo estábamos aprendiendo demasiado tarde.

Él, tampoco tenía muy claros sus sentimientos y creo que algunas veces sintió rabia conmigo porque lo había metido en esta situación, pero esta vez sí se conmovió sinceramente, me pidió perdón y dijo que solo estaba tratando de ver lo que yo decía y hasta dónde llegaba. Por fortuna todo fue arreglándose, creo que era una etapa normal de acomodamiento a los nuevos retos, tras fracasos y frustraciones que siempre están presentes en el transcurso de las vidas compartidas. Algunas veces se sueña demasiado y se espera mucho más de lo que es posible. Se quieren las cosas ya, sin recordar que todo es un proceso y que hay que recorrer todos los caminos. Con obstáculos o sin ellos, pero con decisión y fuerza.

Tiempo después, la vida me iría dando la razón y la paz que necesitaba. Johnny comenzaría a cambiar su comportamiento, madurando notablemente. No era para menos, todo mejoró radicalmente, cuando la corte le entregó la custodia total de los niños tras la espera que lo había puesto muy nervioso y de mal carácter.

Fueron días difíciles, cuando algo le molestaba y se enojaba daba media vuelta y se iba y aunque después se arrepintiera y pidiera perdón, Yoselyn sufría por eso.

Cuando nos trasladamos juntos después del regreso de Johnny de New York, lo hicimos a donde un familiar suyo, estábamos durmiendo en un colchón colocado en el piso de su prima, para mí era una situación muy incómoda porque, precisamente me habían enseñado a mantenerme al margen y no estar estorbando en una casa ajena.

Finalizado el tema de los niños, tratamos de recomenzar renovados en los sentimientos y en las satisfacciones, como una familia. Aprendimos a ser felices con lo que íbamos consiguiendo, sin dejar de lado lo que representara más progreso y comodidad. Así avanzamos lenta, pero seguramente

Convencí a Johnny de mudarnos de la casa donde estábamos y alquilar un apartamento muy pequeño a donde después llegaron los niños. Me costó mucho esfuerzo persuadirlo del cambio porque Johnny se sentía cómodo en las condiciones que estábamos, no quería salir de ahí, en cambio yo, estaba dispuesta a irme sola si me tocaba hacerlo. Había aprendido a valorar la independencia que había ganado a fuerza de mucho sufrimiento y no me asustaba una nueva pena. Yo quería volar y estaba dispuesta a todo.

Él, por el contrario, creía tener todo resuelto, no quería comprometerse a pagar una renta mensual porque sentía que era una nueva responsabilidad y no estaba seguro de poderla cumplir. Después, ya instalados e independientes, confirmó que era posible. Comenzamos a comprar cosas para suplir las necesidades, unos amigos míos nos regalaron los muebles y las ollas y arreglamos el nuevo y diminuto hogar.

En algo tenía razón la familia de Johnny y él, era en el tamaño mínimo del apartamento y en la consiguiente incomodidad. Los niños dormían en un espacio estrecho, con la ropa colgada casi encima de su cama, entonces, ahora él, comenzó a pensar en la posibilidad de una casa con más espacio, más adecuada pata el número de personas que éramos. En eso estuvo de acuerdo la familia de él y nos ofrecieron mudarnos a una casa que les pertenecía para que estuviéramos más holgados. Lo hicimos, dimos un nuevo paso en nuestra aventura de vida.

Me gusta estar mirando hacia adelante y hacia arriba, aprovechar los desafíos que me brinda la vida como una oportunidad, creo que para no pagar una renta mensual que siento que se pierde en el vacío, prefiero vivir en una casa propia y él siempre cauteloso y temeroso de la idea, me contesta:

—pero ¿cómo, si no tenemos dinero?- lo sorprendo con mi respuesta

—yo tengo parte del dinero- abrió sus ojos con incredulidad

—¿tú?

—sí, yo

La familia de Johnny contribuye acompañándonos, son solidarios y compasivos y como siempre, nos ayudan a buscar casa para que nosotros la compremos. Ya con la posibilidad de frente, me asusté un poco, ahora era yo la preocupada con las responsabilidades. Parece que Johnny me ha contagiado sus angustias, me siento nerviosa e insegura, sí me gusta pensar en llegar lejos, pero dudo de alcanzar mi meta y eso me hace llorar, lo hago a menudo para desahogar mi corazón.

El compromiso que implicaba conseguir una casa y pagar una hipoteca mensual me apabullaba y a la vez me tentaba. Pronto supero los temores, hemos usado mi dinero ahorrado y completado el faltante con un préstamo de la madre de Johnny a quien por fortuna le pagamos rápido y cumplidamente.

Seguimos en el día a día sin sospechar que íbamos trazando el camino, haber superado todos los obstáculos y miedos nos encaminaba en esta nueva sensación de vivir en algo propio. Los titubeos habían sido el primer paso hacia una exitosa escala en el tema de la propiedad y sus beneficios.

Después de esa casa compramos otra que estaba mejor y pertenecía a mi cuñada, me había enamorado su comodidad y su espacio. Luego todo se fue facilitando y nos volvimos expertos en finca raíz, compramos un apartamento como una forma de inversión, luego otro y todo esto, para llegar a la casa de mis sueños que había visto en una revista y cuya fotografía pegué sobre la nevera para mirarla todos los días.

No me ha faltado el trabajo aunque en mis comienzos, emplee casi veinte horas del día haciéndolo, siento que no en vano me sacrifiqué, resultó muy productivo y me está dando frutos. Desde niña, hago lo imposible para salir adelante y conseguir mis propósitos, duermo poco y soy organizada, lo aprendí a golpes en la vida y ahora me funciona.

No quiere decir que durante todo este proceso, Johnny y yo, no hayamos tenido contratiempos y dificultades, ya que las cosas no pasan de un momento a otro se debe poner todo el empeño y el entusiasmo para lograrlas. Fuimos armando el camino con todos los desvíos y trabas que pasan las personas que no tienen dinero, pero que trabajan y se esfuerzan para realizar exitosamente sus propósitos.

La madre de Johnny es una persona fuerte y seria, le gusta que las cosas se hagan como Dios manda, no obstante, cuando los acontecimientos, se salen de control y cuando no hay más remedio, ella es solidaria y lo manifiesta con actos que nos emocionan mucho, por ejemplo:

Recién llegados a la Florida, el trabajo de Johnny era en un sitio alejado de la casa, al cual un primo lo llevó solamente durante dos semanas y después le tocaba padecer mucho para cumplir el horario. En ese momento, ella se hizo sentir.

Sin automóvil y sin que nadie le tendiera una mano, Johnny debe caminar dos horas bajo el sol ardiente y el calor húmedo de la Florida que parece derretir a las personas en su propio sudor. Cumplir con su labor diaria en esas condiciones es un acto de mucho valor. Él lo hace hasta un día cuando extenuado de la caminata, llega a casa después del trabajo y encuentra que su madre, utilizando una grúa, le había enviado un carrito gris plateado precioso para que no tuviera que esforzarse tanto. Ese fue un acto que nos produjo una alegría enorme. No solo solucionaba el problema de transporte de todos en la casa, sino que nos daba un respiro en todo lo demás, como hacer las compras del mercado y salir a pasear los fines de semana.

Para llegar a donde estamos, los dos hemos tenido que realizar toda clase de oficios y trabajar a brazo partido, distribuyendo las cargas y las obligaciones, Johnny, por ejemplo, lo hizo en una panadería, en una mueblería donde inicialmente manejó un camión, le ofrecieron el puesto cuando botaron al empleado que lo hacía. Le pagaban cincuenta dólares al día, luego viendo la forma responsable y su rendimiento, le subieron a cien y así sucesivamente hasta llegar a los ciento cincuenta dólares.

La señora nos tomó tanto cariño que nos celebraba los cumpleaños y compartía nuestras grandes alegrías y triunfos, al extremo de producirle celos al marido, quien un día golpeó a Johnny por un accidente durante el cual se quebró una lámpara en el trabajo. Este incidente terminó siendo reportado a la policía. El señor, arrepentido se disculpó durante cinco meses, al cabo de los cuales le pidió retirar la demanda puesta en su contra por agresión física. Era una trampa y cuando Johnny lo hizo, lo tiró a la calle sin motivo ni más explicaciones.

Las cosas no llegaron hasta ahí, nosotros continuamos normalmente nuestra vida y transcurridos cinco años, nos llevamos la sorpresa que la señora firme en sus afectos, vuelve a buscarnos para que le arreglemos una casa que ha comprado. Era una situación difícil para nosotros y nos negamos en primera instancia debido a los hechos que nos alejaron de ellos, pero terminamos cediendo ante la insistencia y el cariño que ella siempre nos expresó y lo hicimos bien, las cosas volvieron a ser como antes. Ahora, ella nos sigue considerando sus amigos y todo es como al principio y nos sigue demostrando su aprecio incondicional.

Recordando sus inicios en el trabajo, Johnny recuerda:

Yo no hablaba inglés y trabajaba manejando el camión portando un pequeño radio transmisor, 'walkie talkie', a través del cual, recibía instrucciones. A todo contestaba: "yes, yes", sin entender ni una sola palabra de lo que me decían, trabajaba a puro instinto, haciendo lo que creía que era lo correcto.

Perdido en Miami, leía los nombres de las calles porque entonces no había GPS y si lo hubiera habido, no habría podido manejarlo. Así, con el miedo en el estómago, me lanzaba a la aventura, levantándome y cayéndome de nuevo para volverme a levantar, pero resuelto a cumplir a como diera lugar, aunque muy lentamente, realizaba bien mi trabajo y fui aprendiendo el idioma y descifrando el mapa de la ciudad.

Yo también realicé toda clase de trabajos, agrega Yoselyn, y en muchos tuve que llevar los niños conmigo porque el dinero no alcanzaba para pagar a alguien que los cuidara, pero agradecemos todo eso, que nos dio la fortaleza para manejar nuestro tiempo, nuestros salarios y nuestras vidas, hasta conseguir mejores y grandes cosas.

Cuando perdió su trabajo por el incidente con el dueño de la compañía y basado en las diversas experiencias adquiridas, a Johnny se le ocurrió arriesgarse montando una empresa de trasteos donde estaba dispuesto a realizar doble esfuerzo sin ninguna ganancia en los comienzos. Después de largos estudios y cálculos, no se llevó a cabo el proyecto por carecer del dinero para conseguir la base del negocio. Sin un camión para transportar los muebles de los clientes Johnny desistió del plan y de sus sueños de empresario de mudanzas

Yoselyn, poseedora de una natural visión para los negocios, justamente en esos días, le dijo que había que hacer algo drástico para resolver la economía, ya que con las ganancias de ambos como empleados, no alcanzarían a cubrir los gastos que ahora tenían.

Ella, muy organizada y precavida, siempre mirando más allá de las posibilidades que están a simple vista, le sugiere a su compañero que pruebe en la construcción porque es el área donde se gana más dinero, a él le parece una gran idea y acepta. Es así como se encaminan en lo que hoy es su mayor fuente de ingreso.

Comienza su nueva etapa trabajando al lado de un familiar con quien tienen que compartir vivienda y altibajos. Esta experiencia le enseña el camino y lo estructura en lo que se convertirá en su gran empresa, centro de las nuevas actividades. El cambio no sucede de la noche a la mañana, tienen que prepararse y esforzarse porque no es solo la práctica, sino los certificados que los acrediten como calificados en su tarea lo que garantizará el éxito en este nuevo camino.

Se disponen a estudiar para sacar sus licencias que les permitan ser calificados para trabajar profesionalmente. Es Yoselyn quien debe enfrentar este nuevo reto, aprovechando que ha perdido su trabajo, para dedicarse a esta profesión y porque, entre los dos, en ese momento, es ella quien mejor habla el inglés. Corre el año 2009.

Yoselyn que es muy joven, sabe cómo enfrentar el machismo que se nota en esa, y en todas las profesiones que requieran o no de fuerza física. Nada la detiene y demuestra que es tanto o más calificada, que los que dudaron de su capacidad.

Fue una tarea difícil y complicada porque la sola presencia de la muchacha, que además demuestra menor edad de la que tiene, provoca desconfianza y es objeto de burlas entre los compañeros de estudio y luego en las oficinas donde debe reclamar su licencia, al punto que la encargada de los resultados, niega que ella haya pasado los exámenes después que por teléfono le habían asegurado lo contrario. La razón por la cual lo hizo, no fue solo la antipatía manifiesta de la empleada de la escuela, sino el alto puntaje adquirido por la muchacha, que no había sido superado desde cinco años atrás el cual ni ella misma podía creer.

La lucha sigue, tienen que combinar trabajo, estudios, cuidar de ambos y de la familia. Lo hacen bien y a gusto, porque para ellos, este es el pan de cada día y lo han enfrentado siempre y no solo eso, sino que se imponen en el medio de la construcción y se colocan entre los más destacados.

A quienes comenzaron a enseñarle y que en un principio se burlaron de ella señalándola:

—tú ni siquiera sabes levantar una pared –, le decían y luego, cuando los retaba para que le hicieran la pregunta que quisieran, sorprendía a sus detractores con las respuestas acertadas, por ejemplo, no creían que conociera los códigos y ella dominaba todas las materias y lo demostraba dejándolos atónitos. Sabía la distancia de los tornillos para dar equilibrio a las paredes y de las estructuras para construirlas. Lo había aprendido en la práctica, a fuerza de estar atenta a cada uno de los detalles de lo que veía y memorizaba aplicadamente.

A los instructores contratistas, no les sorprendía tanto que la alumna fuera joven, sino que fuera mujer, los hombres tienden a no creer en la capacidad del sexo opuesto porque eso es lo que han aprendido a través de la historia y es bueno que de vez en cuando alguien los haga bajar de la nube de superioridad y les muestre su capacidad para manejar cualquier reto.

Es importante demostrar lo equivocada que está la gente al juzgar por las apariencias. Nunca las cosas son lo que parecen y las personas guardan un mundo interior que supera cualquier cálculo. Eso lo demostró la nueva Yoselyn que callada y tímidamente fue escalando en sus nuevas responsabilidades hasta darse un lugar privilegiado que era el merecido. Sin importarle que alguna vez sufriera el acoso de uno de los compañeros que asistió con ella a presentar el examen y que la persiguió en el carro hasta que ella logró perderlo.

CAPÍTULO XV

El buen hijo vuelve a casa

Transcurrido el tiempo y a petición de ella, regresaron a New York para visitar la familia, Yoselyn los extrañaba porque a pesar de la forma como se portaron con ella, los consideraba parte importante en su vida y eran lo único que tenía y apreciaba como tal.

Viajamos y esta vez lo hicimos relajadamente sin el terror que nos estuvieran buscando y sobre todo, ya era una mujer hecha y derecha. Tenía muchas expectativas, pero era un sentimiento diferente, me sentía valiente y grande, la madre ya no me iba a arrinconar y ahora me sentía capaz de enfrentarlos a todos sin que me aterraran sus amenazas, hicimos varias paradas y en la medida que nos aproximábamos me sentía nerviosa pero sin la intensidad ni el pavor de antes.

Cuando llegamos, una tía se enteró que estábamos allí y me buscó para llevarme a la casa de mi madre. No podía hablar debido a la emoción que sentía, lo único que pude hacer al entrar a la casa, fue abrazar a un hermano que estaba llegando de República Dominicana. Ellos dijeron no reconocerme. La madre preguntó:

–¿Quién es ella?-

–Es Yoselyn- respondió la tía, –tu hija que ha venido a verte.

La reacción de mi madre fue muy rara, había transcurrido el tiempo y ya no éramos los prófugos de los primeros días, pero ella no quitaba el dedo del renglón y continuaba con su actitud irreflexiva y agresiva,

si llamó a todos los hermanos diciéndoles que yo había llegado, no era
con la intención de que me saludaran o me abrazaran por los muchos
días que habíamos pasado sin vernos, no, era como si yo estuviera
cometiendo un crimen, una osadía y abuso al retornar a ese lugar que
por lo demostrado, nunca fue mi hogar sino mi celda.

Me miraban con cierta desconfianza y curiosidad, yo diría que lo
hacían con ira. El hermano que estaba presente, muy alterado de una
vez empezó a tratar de averiguar por el paradero de Johnny.

– ¿Dónde está ese hombre? que lo voy a matar.

–Vámonos de aquí antes que ocurra una desgracia– dijo mi tía e
inmediatamente me tomó de la mano, me sacó corriendo de allí y me
llevó donde la madre de Johnny para protegernos. Como en los primeros
momentos, escondimos el carro detrás del patio para que no lo vieran si
venían a buscarnos. La visita fue un fracaso total y mis intenciones de
reconciliación terminaron atizando el fuego. Todos ellos eran personas
irracionales que sentían que mi ofensa de haber salido de su dominio,
era imperdonable y no querían saber de mí, excepto para agredirme.

Nos devolvimos de noche para la Florida, lo hicimos en dos carros
diferentes para evitar problemas al abandonar el área y no ser atacados
como cuando Johnny regresó a visitar sus niños. Las cosas no habían
cambiado, para ellos yo era la empleada fugada, no una niña maltratada
que ayudaba en todos los quehaceres, en cambio ellos para mí eran mis
seres queridos a quienes extrañaba.

Nada de lo acontecido cambiaba mi idea de regresar algún día para
encontrarlos cariñosos y comprensivos, como suponía que debía ser
la familia de cualquier persona que hubiera cometido un error y que
merecía una segunda oportunidad y el cariño de sus allegados.

Como no variaba mi intención de volver a verlos e intentar una
reconciliación para sentir que yo no era un ser abandonado, una fierecilla
en medio del mundo donde nada me pertenecía, ni siquiera aquellos a
quienes creía mis parientes directos; un tiempo después repetimos el
viaje decididos a correr todos los riesgos.

En esta ocasión, llegamos de noche y nos quedamos donde una tía
de Johnny, descubrimos por ella que el padre yacía enfermo de gravedad

en un hospital, como Johnny tiene un alma grande, se compadeció de él y corrió hasta allí, tratando de ayudar en lo que pudiera.

Johnny es un hombre cuyo corazón no abriga rencores él se presta para todo lo que sea necesario en la medida de sus capacidades y más allá de ellas si las circunstancias lo requieren. Lo auxilia, lo limpia y lo ayuda en todas sus necesidades ya que él se encuentra incapacitado y en muy mal estado mientras aguarda en la cola de una larga lista de donantes. Su salud deteriorada, amerita el trasplante de un riñón y el cuidado de cada día es clave para su recuperación.

El padre es afortunado, habiendo tanta gente en la línea esperando durante varios años la aparición de un órgano y muchas veces pereciendo en la espera. Él parece iluminado por la buena fortuna, en los precisos momentos que su enfermedad se complica llegando a condiciones extremas y lamentables. Cuando ya no puede valerse por sí mismo y la situación parece agravarse y salirse de las manos de los médicos, aparece un riñón compatible con sus requerimientos. Viene desde Alaska y renace la esperanza de esta circunstancia que puede acabar con su sufrimiento y darle un nuevo aire a su vida. La operación se lleva a cabo inmediatamente y se lo trasplantan con éxito.

El padre recupera su salud, nosotros mientras tanto hemos estamos ahí junto a su lecho de enfermo, acompañándolo, pendientes de la forma de ayudarlo ahora cuando se encuentra desvalido. La familia aparece poco a poco, todos van llegando a visitarlo, ahí nos reencontramos, pero no es nada agradable, todos vuelven la cara hacia otro lado cuando sienten mi presencia, ninguno quiere verme, incluida la madre, principalmente ella.

He regresado porque le tengo cariño, (dicen que uno termina queriendo a quienes lo maltratan, parece que mi caso es uno de ellos) es la única persona que he conocido como mamá y mis sentimientos me arrastran hasta su casa, pero ella no perdona que me haya ido de su lado sin escuchar sus palabras y sin obedecer sus órdenes y se porta indiferente y cruel, ella sabe perfectamente cómo hacer eso, me conoce desde niña y sabe lo que me hiere.

Los recuerdos de ese reencuentro llegan hasta mí con mucha fuerza: No me esperaban, lo último que hubieran soñado en sus peores pesadillas, era que pudiéramos encontrarnos en ese lugar. Se sorprendieron al verme y a pesar que continuaban reacios a saludarnos y miraban hacia otra parte para que no se cruzaran nuestras miradas en los primeros momentos, lentamente se fue rompiendo el hielo, nos fuimos acercando poco a poco, primero unos y luego otros y de pronto nos vimos conversando de nuevo.

Todos habían cedido dejando su animadversión a un lado, excepto el hermano mayor que no superó su rencor, no dio su brazo a torcer y nos dio la espalda retirándose del grupo.

Un tiempo después y con la intención de no estar disgustada con ningún miembro de la familia, lo busqué. Me enteré que él y su familia, visitarían el parque de Disney e inicié el viaje desde el sur de la Florida para encontrarlo ahí y reconciliarnos, así sucedió, aunque en un primer momento el ambiente estuvo tenso, luego me abrazó y pusimos fin a una situación que se había prolongado durante varios años.

Una situación alimentada por siempre con mil actos de desprecio e irrespeto, no puede cambiar de la noche a la mañana. La madre dictó con su ejemplo, la forma como debían tratarme y eso se volvió institucional.

No me adoptaron, me compraron y como recogida, no merecía ningún privilegio y, por el contrario, debía ser colocada siempre al final de cualquier cosa a la que tuviera derecho. Esas leyes no estaban escritas en ninguna parte, pero así funcionaba y con esos ojos me miraron a través de la etapa compartida. Tuve la intención de cambiar esa óptica para conmigo, y de una vez por todas, ser feliz, tener derechos y familia propia sin más miramientos.

Ahora era diferente, la vida siempre se encarga de acomodar las piezas en un juego divino para equilibrar las fuerzas y lo que antes estuvo abajo lo pone arriba, logrando un balance que de alguna manera compensa las vicisitudes del pasado.

Hubo un tiempo en que parecía imposible que los hermanos, dueños del amor y la atención de los padres, de los lazos de sangre y todos los derechos de familia, aquellos que inconscientemente, no me daban el valor y me eximían de cualquier participación como un real miembro de la casa, tuvieran que recurrir a mí, pero la ocasión llegó.

Es posible que no me hubieran afectado su desprecio y sus palabras si hubiera sido otra persona la que las pronunciaba, pero al tratarse de ella, la madre, la mujer a quien conocía como tal; me laceraban el corazón, me hacían mucho daño, confirmaban en mi mundo infantil, que ningún sentimiento bueno despertaba en su interior.

Me herían sus palabras y su actitud porque pensaba que en cierta forma, describían la persona que yo sentía que era, creía que tenía razón y en el fondo del alma, me desconsolaba al imaginar que nunca sería feliz porque no lo merecía. Nunca entendí cómo ella pudo ser tan cruel a la hora de tratar una niña que le servía y la quería incondicionalmente, una inocente que cayó en sus manos por los azares del destino, sin haber hecho nada diferente de servirle y quererla.

Ella era la autoridad de la familia y marcaba la pauta a la hora de los sentimientos, no necesitaba decir nada, la sola mirada dictaba los modales y comportamientos. A mis hermanos no los golpeaba, porque eran carne de su carne, soportaba sus malos modales y sus equivocaciones y hasta en sus regaños se sentía el cariño que les profesaba como madre de verdad, lo que no pasaba conmigo. Yo creía que no los castigaba porque ellos ya eran grandes, pero ahora contemplando todo desde la distancia, pienso que me decía eso para consolarme a mí misma.

Esas cosas duras que hoy a la distancia parecen infantiles y que ya no me causan amargura, en el momento que pasaron me produjeron mucho dolor, cosas hechas y palabras pronunciadas con el firme propósito de incomodarme y hacerme sentir inferior, por fortuna, ya no formaban parte de mi presente y mi nueva mentalidad. En aquel tiempo me dolieron por venir de quien venían, ahora no, gracias a que soy una mujer nueva e íntegra, quizás gracias a eso que me hizo mirar hacia mi interior y aprender a valorarme.

CAPÍTULO XVI

Transcurridos los años y seguramente habiendo recapacitado en el verdadero valor de mis acciones, varios miembros de la familia, han cambiado radicalmente su actitud hacia mí. Ahora, algunas veces me hacen partícipe de sus cosas y me visitan de vez en cuando, aparentemente me han asumido como una hermana real, como un miembro más de la familia.

El mundo gira y las circunstancias cambian, recorrí largos y tortuosos caminos, nunca creí salir adelante, pero sobreviví y aprendí a fuerza de tropezones, que nada se consigue de buenas a primeras y que cada pedazo de pan, cada pieza de ropa que se usa y cada sábana limpia, la había ganado con el sudor de mi frente y con mi propio esfuerzo que hoy solo yo valoro. No sabía la lección de vida que estaba aprendiendo en cada caída, en cada humillación y vejación, pero sobre todo, cada vez que me levantaba del suelo. Ponerse en pie es romper la adversidad, intentarlo de nuevo, recoger del piso nuevas fuerzas para continuar. Aprender en cada inconveniente que la experiencia nunca es un fracaso, sino un reto para demostrar lo aprendido.

Las casas son esos lugares que habitamos y que a la larga son paredes que abrigan nuestras penas y alegrías y algunas veces ni eso. Nací en medio del campo, en un lugar fabricado muy precariamente con tablas y tejas elementales que protegen de la lluvia, pero no soportan un viento fuerte, construcciones que son un símbolo porque los sentimientos, si existen, prevalecen y se aferran más allá de las paredes, de los muros y de las fronteras que nos impongan.

Algunas personas con las que hablo no entienden que no son las cosas materiales, la ropa o los adornos, no es el dinero ni el poder sino los afectos los que dominan el mundo y la mentalidad infantil. A pesar de no haber recibido cariño sino golpes y que ellos no se lo merecieran yo iba a aprender en la marcha lo mucho que llegué a querer a mis allegados.

Cuando el miedo manejaba mi vida y creía que solo la gratitud manejaba mis actos y que era lo que sentía hacia aquellos que en un momento importante de mi existencia me protegieron, ignoraba que debajo de esos sentimientos, existía en mí un amor verdadero por ese grupo y que ellos eran el centro de mi vida y mi razón de ser.

Yo sentía cariño por todos los que representaron mi núcleo familiar y era real, estaba más allá de la conveniencia y el agradecimiento. Lo supe cuando me separé de ellos porque los pensé cada día, quise saber cómo llevaban sus vidas sin mí, sin mi ayuda en todos los menesteres, me preocupé por sus problemas, intenté comunicarme y me rechazaron, pero algunas veces me resigné solo escuchando sus voces, eso fue suficiente para sentirlos cerca.

La distancia no disminuyó mi cariño, mis hermanos siguieron siéndolo y mis padres también, perdoné las malas intenciones y el sufrimiento, por eso cuando pasaron los años, recibí a una de las hijas de mi hermano en la casa que tenía y le brindé todo mi apoyo y solidaridad, pero ella no pensaba lo mismo que yo, ella había sido educada para darme órdenes y exigir. Para mirarme como alguien inferior que debía inclinar la frente ante ella, la privilegiada y así actuó.

Sentía que yo, la empleadita esclavizada, por obligación, tal como estaba acostumbrada a hacerlo, debía atender sus caprichos, cocinar y limpiar lo que ella no quería y desechaba, además de trabajar para mantener su forma de vida despreocupada y sin responsabilidades. Yo era el símbolo de la servidumbre y la mansedumbre, no se percataron que el tiempo corre y la vida da vueltas y que las personas crecen y se liberan de sus yugos. Demandaba mi servicio cuando regresaba del trabajo, conminándome a que limpiara y le proveyera todas las comodidades, ella no podía entender que yo no era la misma niñita asustada a quien todos los miembros de la familia gritaban, manipulaban y dominaban. Ahora, yo era una persona independiente con vida propia y otros compromisos que estaban muy lejanos a lo que había sido en el pasado de servicio y sometimiento.

Mi sobrina, llamó a la madre para quejarse, y ella con mucho cinismo y una amenaza implícita, me advirtió cuidar mi comportamiento con su nieta. Mi hermano, el papá de ella por su parte, a través del teléfono también, recalcó que la familia era lo primero y lo más importante y que por tal razón, yo estaba obligada a mantener a mi sobrina y a su nuevo compañero. Hizo mucho hincapié en el término de familia para que yo asumiera mis obligaciones y cerrara así la discusión.

En el preciso momento que él llamó, acabábamos de sufrir un accidente en el carro y no estuve de humor para soportar sus críticas. Irónicamente, ahora sí era yo un miembro importante de su familia y debía responder por ellos y como a fin de cuentas yo había sido educada para eso, por un tiempo, terminé en el papel que tanto conocía: obedecer. Trasladé a mi sobrina a un apartamento. Se lo amoblé completamente, sin dejar detalle al descubierto. Le suministré toda clase de electrodomésticos, lo surtí de vajillas, ollas, sartenes cubiertos, sala, comedor, alcoba con todas las comodidades para que se sintiera bien y confortable y sobretodo, para que no tuviera queja de mi comportamiento.

Ella, mi sobrina querida, de buenas a primeras decide irse del lugar que con tanto esmero le preparé, lo hizo sin despedirse, sin explicaciones y sin agradecer lo recibido, abandonó el sitio y dejó todo tirado. Partió sin previo aviso, ocasionándome problemas y contratiempos. Sonaban en mi cabeza las palabras que cuando ella se iba a casar, pronunciaba la hermana menor con un eco interminable:

—Las flores que colocarán en la iglesia el día de la boda, costarán 10.000 dólares, cosa que tú no podrías ni siquiera imaginar. Evidentemente, en ese momento no podía imaginar esa suma, ni esa belleza que nunca estuvo a mi alcance. Lo mismo pasaba cuando la madre me hablaba del vestido de novia que se lo había dado a ella que sí lo merecía por su buen ejemplo y no a mí que era muy poca cosa para ese privilegio.

La fastuosa boda donde el alquiler del salón costó la suma de 35.000 dólares, no duró ni dos semanas. La feliz pareja se separó estrepitosamente antes de los quince días y los cientos de miles de dólares gastados en flores, fiesta y ostentación se quedaron en eso: en la basura. Todo quedó en el olvido y el silencio. Dicen por ahí que Dios no castiga ni con palo ni con rejo.

El nombrado vestido con el que pretendieron humillarme y hacerme sentir frustrada, jamás podría haber sido elegido con la intención de que yo lo luciera porque jamás tuve novio. Era una mentira fabricada para atormentarme porque sabían que yo sí creía que no era digna de grandes celebraciones y sufría con esas cosas que me decían, ellas como la bruja y las hermanas malas de los cuentos de hadas, se deleitaban con mi llanto.

Bajaba la cabeza y sufría, pensaba que si la madre lo decía, ella sabía por qué lo hacía. Conocía mi destino y así debía ser, yo le debía obediencia y respeto y no tenía alternativa diferente ante sus sabias decisiones.

Ser niño es mantenerse en la creencia que los adultos tienen la razón porque ellos saben, han estudiado y de Dios viene todo su poder y su conocimiento y los niños somos criaturas indefensas puestas en sus manos para que nos formen a los trancazos si tenemos la cabeza dura como me decían que era la mía.

Yo de memoria sabía que no merecía nada diferente a lo que tenía y por eso debía agradecer, no solo en las oraciones sino a cada uno de los que me maltrataban porque me estaban enseñando a ser mejor.

Recordando todo aquello, siento que en ningún momento tuve un asomo de rebeldía, si así hubiera sido me habría condenado en el más terrible infierno, lleno de bestias y seres espantosos que me atormentarían por toda la eternidad, quemándome en el fuego perpetuo junto a las almas malas. Fui creciendo y obedeciendo inclinada para no levantar malos sentimientos en mi contra. Es posible que ese miedo haya contribuido a mi rectitud en todas las cosas que se han presentado después a través de mi vida.

CAPÍTULO XVII

Mirando hacia atrás

La llegada a la florida tuvo muchos altibajos, pero yo no me arredraba, tenía muchos temores pero ponía el pecho a lo que llegara, aunque algunas veces me fallaron las fuerzas, ahora no recibía golpes físicos, pero como no era muy experta defendiendo mis derechos y sí muy responsable cumpliendo mis deberes hasta más allá de las obligaciones, algunos sacaron partido de mis temores y aprovecharon mi buen comportamiento sin respetar los beneficios monetarios que me debían por mis actos. Abusaron de mi ingenuidad.

Para trabajar oficialmente, recién llegada a la Florida, además de mi tristeza, tuve varias trabas legales, el primer inconveniente eran mis documentos de identidad que la madre retuvo para asegurarse que no pudiera hacer algo por cuenta propia, ella manejaba todas las cosas de mi vida e indirectamente, seguía haciéndolo cuando me independicé.

Un papel que respaldara mi identidad era requisito indispensable, ahora que comenzaba a actuar como ser humano, no como máquina de obedecer y actuar, necesitaba identificarme para recibir un salario, tomar un lugar donde vivir, contratar servicios o simplemente para conducir un auto ya que en este lugar el transporte no era como en Nueva York y no había la cantidad de buses y mucho menos los trenes que existían allá. Intenté por todos los medios, conseguir mis papeles, pero la policía requería de mi presencia y mis declaraciones por la denuncia interpuesta por mi familia en Nueva York, pasé por muchos problemas hasta que logré confirmar que era mayor de edad y estaba capacitada para emprender mi vida sin dependencia alguna.

Necesitando la licencia para conducir legalmente un carrito que pude comprar tras mucho esfuerzo, hice todos los intentos hasta que se me ocurrió recurrir a la escuela donde estudiaba, seguramente ellos podrían enviar mi identidad por tenerla en los récords de cuando fui su alumna, pero todo esfuerzo fue infructuoso.

En el consulado de mi país me dicen que la mejor prueba de identidad, es el certificado que expiden los hospitales a la hora del nacimiento, Yo no lo sabía, pero no había nacido en un hospital, por fortuna parece que alguien en algún momento, me registró oficialmente, aparentemente fueron los padres que me compraron. Lo agradecí en silencio.

Con la información conseguida a través de la escuela, trato de encontrar personas de allá que se ofrecen para ubicar la mayor información en el pueblito donde nací, un lugar que ni siquiera figura en los mapas.

Es un proceso complicado, pero estoy acostumbrada a eso, insisto en conseguir mi identidad a como dé lugar hasta que consigo que una persona de allá, vinculada con alguien de aquí de los Estados Unidos, se ofrezca a ir personalmente a la iglesia y a la notaria donde estoy registrada para conseguir mis documentos.

Tras un largo periodo y muchos viajes al centro de Miami, a través del propio cónsul, consigo comprobar adecuadamente quién soy realmente y comienzo la vida como una persona regular en los Estados Unidos. Mi nombre no es Jackie como me nombraron todo el tiempo en esa casa, ese era como una especie de apodo bajo el cual se resguardaba mi verdadera identidad. Me lo pusieron para diferenciarme de otra Yoselyn que había en ese lugar, a quien conocí como mi hermana.

Johnny tuvo que enfrentar muchas sospechas porque aparecía como si se hubiera escapado con una menor de edad, de haber sido así, lo habrían arrestado y marcado como depredador infantil y jamás hubiera podido borrase esa huella. Las cosas mejoran y lo tratan mejor al comprobar que los hechos ocurrieron siendo yo mayor de 18 años, o sea cuando ya era catalogada como adulta, esa edad en la cual, en este país, son los padres los que apuran la salida de los hijos del hogar porque consideran que ya pueden valerse por sí mismos y se desentienden de ellos.

Resolver esos trámites legales, me califican como persona apta para vivir independiente y me otorgan una tranquilidad que nunca tuve, esa sensación de saber que soy una mujer como cualquier otra, no solo con deberes, sino con todos los derechos de un ser humano normal. Qué lejos estaba de la nueva Yoselyn.

Recordar cómo la aterrorizó la posibilidad del castigo que fue el principal y único motivo que la sacó corriendo de su mundo para arrojarla a un futuro incierto, a Yoselyn a veces, ahora en la distancia, la hace sonreír.

La convivencia va aligerando las contradicciones y dudas, paso a paso se va construyendo una nueva etapa, una vida propia, compartida con alguien que le está demostrando que el amor es posible, que nadie está preparado para las grandes cosas que los afectan y que solo la solidez de amar y saberse amado y respaldado pueden dar la fuerza para enfrentar las contingencias que son muchas y diferentes cada vez.

Con el paso de los días, con lágrimas y remordimientos, con incertidumbre y problemas, siempre a la expectativa de los resultados, cada veinticuatro horas, muy lentamente y sin percatarse de ello, se va forjando un camino sólido. Al mirar hacia atrás, nos damos cuenta que esa es la vida, la propia historia transcurriendo en su irremediable devenir.

Todo ha ido acomodándose después de muchos obstáculos y hemos conseguido una estabilidad, pero la vida, primero pone todas las trabas para irlas venciendo y poco a poco ofrece la gratificación a tanto tropiezo, nunca la felicidad es total y es necesario aprovechar los momentos que ella dura.

En toda la clase de oficios que hice, actué procurando que cada uno de ellos estuviera perfecto, tal como lo había aprendido, me excedía en meticulosidad y perfección y fui escalando muy lentamente una posición acomodada.

Hay tanta variedad en las personas que se acercan como amigas y tantas fallas en el sentimiento de la amistad que es mejor ser un poco receloso en el tema, nos pasó cuando creíamos haber conocido a algunos que nos dieron muestras de cariño y luego en algún momento cuando tuvimos necesidad de ellos, abusaron del aprecio y la confianza que les dimos. Fue así como un gran amigo de mi esposo cobró $400.00 dólares por un trámite importante que valía en realidad 30 dólares y luego un familiar político suyo, cobró 6.000.00 dólares para encargarse de realizar el mismo trámite sin haber intentado siquiera conseguirlo.

Nos estafó y no se molestó en llenar una simple planilla para iniciar el proceso, recibía el pago y se iba de fiesta, todo el dinero se lo regaló a una mujer con la que le era infiel a la esposa, sin detenerse a pensar las horas de trabajo que nos había costado conseguirlo.

Le achacó la culpa a otro hombre que tuvimos que buscar en otro estado del país y cuando lo amenazamos con la policía terminó contándonos la realidad de los hechos y quedamos sin resolver el proceso como al comienzo y con seis mil dólares menos en el bolsillo. Tuvimos que volver a trabajar para reunir la suma que realmente costaba la inscripción y presentar un examen que nos calificaba, para luego conseguir una licencia que nos permitiera trabajar, cubriendo todas las regulaciones exigidas por el gobierno para nuestra labor.

La vida va equilibrando las cargas unas veces van hacia un lado y otras para otro, en un eterno vaivén que toca aprender a manejar, talvez las carencias y la necesidad de afecto me fueron moldeando hasta convertirme en lo que soy, de modo que no estoy disgustada por lo vivido.

Hoy puedo mirar hacia atrás sin rencor ni dolor, eso creo, puede ser que así estaba hecha mi alma y mi conciencia para sobrevivir cualquiera que hubiera sido mi destino, no me siento diferente ni mejor o peor que otras personas, creo que supe aprovechar lo que tuve sin detenerme a pensar qué tan malo o bueno era.

CAPÍTULO XVIII

Paternidad

Mi verdadero padre, al enterarse que he podido salir adelante y que vivo decentemente, ha tratado de comunicarse conmigo por su cuenta, cómo no iba a hacerlo si desde que era pequeña me vio como un negocio. Ahora no era de 500 o 300 tristes pesos sino que representaba una nueva ganancia en dólares.

Antes me obligaban a llamarlo y a saludarlo cuando se cruzaba en mi camino porque era mi padre y yo no lo veía de esa manera, no recuerdo siquiera que haya bajado la vista para mirar quien era la que intentaba saludarlo. No me gustaba ese señor que pasaba sin mirar y evitaba mostrar su rostro.

Ahora me pide ayuda para reconstruir la casita donde vive, me ha enviado fotografías de una vivienda deteriorada y triste en medio de la nada, se ve tan solitaria y frágil, como si no soportara un viento fuerte, de alguna manera se parece a él, un anciano tembloroso a punto de derrumbarse, alguien en quien no logro encontrar un rasgo de identidad que me conmueva, es posible que eso que hace ahora, lo dicte el remordimiento, la culpa de haberse deshecho de una niña que si hubiera crecido junto a él, quizás no lo hubiera dejado llegar a ese estado de deterioro en que vive.

Sé que debería estar llorando, pero no lo hago, he llorado tanto que talvez no me quede sentimiento en el fondo del alma. Me desollaron el corazón y mis sentimientos están adormecidos. Qué lejos está el tiempo aquel cuando pasaba de largo y la madre me decía que debía tratarlo con respeto besarle las manos que él jamás me tendió, que lejos está el momento cuando decidió ofrecerme en venta al mejor postor o simplemente regalarme a los que gobernaban el pobre lugar que habitaba. Seguramente nunca se enteró de cuánto sufrimiento me produjo su abandono.

Es posible que su acción haya sido para evitarme estar compartiendo su techo de hoy en la miseria que vive, nunca se sabe, de pronto yo, trabajando igual de duro como trabajé, no habría permitido que llegara al límite donde se encuentra, talvez hubiera muerto de hambre a su lado como él dijo para justificarse, o me hubieran devorado los animales si no me regala, no habría asistido a la escuela o me habría ido con cualquiera a un destino similar o peor al vivido, abandonándolo a él. Se supone que lo llevo en los genes.

Nadie sabe nada y yo menos, creo que todas las respuestas están dentro de los corazones, en los de los demás y en el mío, pero lo tengo un poco seco, creo que se ha arrugado por falta de sangre fuerte que lo recorra, miro esa casita y me produce pena no conocer las respuestas. Talvez en el camino aparezcan como él; de la nada, extraviadas en el tiempo y la distancia que nos separó y nos volvió indolentes para el dolor o quizás no aparezcan más porque no existen y perdí el interés en conseguirlas.

En ese momento, yo no tenía sentimientos, creo que ni buenos ni malos, cuando niña, trataba de protegerme de quienes me hacían daño, pero no sentía rabia hacia ellos, solo sabía experimentar miedo y tristeza, creo que desconocía el odio o el amor intenso que los niños profesan por sus progenitores, nunca recibí un beso ni una caricia materna que me lo estimulara, así que todo sentir desapareció en las sombras.

Cuando me mandaban esconderme porque gente relacionada con la mujer que me abandonó, aparentemente querían verme y la madre me ordenaba desaparecer mientras ellos permanecían ahí, estaba preparada para ello y algunas veces solo di la vuelta al otro lado de la casa y me quedé observando a los intrusos, desconociendo su origen y el porqué de su insistencia en conocerme.

Escuchaba sus voces, pero sabía que eran voces enemigas, gente que quería hacerme daño y robarme para llevarme quién sabe a dónde, ni con qué intenciones.

Así crecí y así estuve acostumbrada a rehuir a esa otra gente que para mí era un enigma. Todo fue distinto cuando, después de muchos años habiéndome independizado, escuché decir que la mujer que me había traído al mundo había aparecido y quería hablar conmigo. Una inmensa rabia comenzó a crecer en mi corazón, me negaba a considerar que tenía algún vínculo con ella y mucho menos que existiera la posibilidad de saber de su vida o de que ella supiera de la mía.

Primero fue una llamada, levanté el teléfono desprevenidamente y lo puse en mi oído como con cualquiera otra de las muchas que recibía al día. Desconocía el número, pero el indicador de área me hizo pensar que era de New York y no me equivoqué, lo era. Desconocía también lo que llegaría a continuación, escuché una voz que repetía que era Aurora, que era mi madre y otras cosas inconexas y carentes de sentido para mí, que nunca imaginé vivir semejante momento tan absurdo. Aurora, Irma, Altagracia o Alicia me daban lo mismo, eran nombres nada más.

Nunca tuve auroras en mi existencia.

Sentí que me inyectaron inmediatamente una especie de anestésico que no me dejaba percibir ninguna sensación cuando me hablaban al otro lado de la línea, escuchaba palabras sueltas como piedras que caían sobre mi corazón de hielo, había justificaciones y unas historias que me negaba a descomponer y que era incapaz de reconstruir al suspender la comunicación.

Que si yo era una niña grande y ya caminaba y corría por todos los rincones de un lugar completamente borrado en mi memoria y de una gente que no tenía ninguna cabida en mis afectos o que si yo era una nena de brazos y me habían mentido o si a ella le dolió dejarme o si nunca me dejó y mi padre me robó para venderme. Palabras sueltas que caían en los desfiladeros de un abismo gigante que existía en mi interior árido. Todas eran historias que sonaban como en una radio rota, en un aparato sin antena que hacía ruido y que no respondía en mi alma a ningún llamado. Siempre creí que no fui mala, procuré hacer las cosas de la mejor forma posible como me lo enseñaron y aprendí a la fuerza, pero el amor no me tocaba, eso que se aprende con la convivencia, que se alimenta día a día con pequeños detalles, con abrazos y con miradas que conmueven o que nos hacen enternecer al posarse en nosotros. No sé lo que pasará cuando la mire de frente, si es que viene hacia mí, si me traicionará el instinto y la reconoceré como la persona que me dio la vida o si será como conocer a cualquier persona que se cruza conmigo en la calle donde hay miles de transeúntes.

Ha llegado al país, va a presentarse algún día, no tengo idea de cómo será mi reacción, pero no me preocupa mucho ese tema, realmente tengo completamente rota mi comunicación con ella, nunca ha existido. He encontrado a su hijo, mi hermano, un muchacho aparentemente inteligente que me está acompañando hace unos días, él es servicial, tiene entusiasmo por la vida y el trabajo, hemos desarrollado una amistad que pienso que es la hermandad, ahora con vínculos sanguíneos, se parece a la que tuve con los otros, aquellos a cuyo lado crecí.

Mi medio hermano me mira distinto, adivino en sus ojos una chispa, una posibilidad hacia mi corazón. Es posible que también me engañe, solo el tiempo responde estas actitudes humanas que desconciertan. No sé nada, no me atrevo a poner la mano en el fuego por nadie, esa es otra cosa que se aprende cuando las personas que nos rodean confían en nuestros actos y los respaldan, no creo que alguien se haya preocupado por creer en mis actos rutinarios y sin importancia, menos que haya estado dispuesto a responder por ellos. Todo es una costumbre que se adquiere haciendo las cosas una y otra vez hasta que se fijan en la conciencia o en la inconsciencia.

CAPÍTULO XIX

Padre y madre

Un tiempo después de la llamada, ocurre otro milagro, la gente lo llama así, yo no pienso lo mismo, los milagros son sobrenaturales y este es un acto humano, para reparar otro inhumano, un hecho como cualquier otro que sucede a diario: reaparece ahí, en la puerta de mi casa, mi verdadera madre. No tengo claro el momento porque no se me fijó adentro, solo sé que fue como cualquier otro, que escarbo en el fondo de mi corazón y lo tengo muerto o adormecido, no siento nada, no me emociono como se supone que debería, creo que alguien más abrió y me informó. No quiero correr a verla ni por curiosidad. Nada me mueve hacia esa persona recién llegada.

Ha dado explicaciones que no he pedido porque no creo que a estas alturas de la vida las necesite o sirvan de algo, a esa palabra madre no sé qué valor darle, en mi caso creo que solo fue un instrumento para darme vida, una señora que después de mí, tuvo otros hijos y vivió con ellos. Nada nos amarra, podría ser cualquiera que pasa por mi puerta, la miro con indiferencia, ella trata de esbozar una sonrisa, pero parece forzada. Pasa y habla, mucho, como diciendo una lección frente a una clase en un examen que se aprendió por necesidad de una calificación, no me inspira ninguna sensación.

Creo que ella no me recordaba como a esa criatura pequeña que seguramente buscó su pecho cuando sintió frio y desamparo y que dejó abandonada a su suerte, en manos de un hombre torpe que tampoco supo qué hacer. Quiero adivinar qué pasa por su cabeza, ella no sostiene la mirada, solo habla sin cansancio. Es joven aún, es rara, insiste en su historia y le da vueltas mil veces, no me llega al alma

Pretende conquistarme contándome cómo era yo cuando pequeña, pero eso no altera mi percepción. Un estorbo, eso era, seguramente lloraba y pedía lo que sentía que me faltaba, es posible que ni tuviera alientos para ello y permaneciera ahí tirada sin emitir sonido. Nada sé y no quiero saberlo, es como buscar debajo de unas cicatrices gastadas por el tiempo, heridas que me propinaron y que dolieron y se resguardaron muy adentro, eliminando su veneno, remendándose con los años como la corteza de los árboles que van cubriéndose una a otra, protegiéndose hasta que los cortan en dos y les descubren la edad contando los círculos del tronco.

Así creo que soy, un tronco cortado que sigue de pie acumulando círculos desde su centro con una capa endurecida en el exterior que ha recibido la lluvia y los más crudos temporales con fortaleza y sigue creciendo, afianzando sus raíces que es lo único que siento, me pertenece. Siento que no están atadas a ningún otro ser humano porque un día las cortaron y ellas solitas se renovaron y crecieron agarrándose a las piedras que tenían su sustento en un lugar muy hondo.

Sonrío con amargura, ahora en vez de una madre tengo dos, a la una le guardo respeto y cariño a pesar del maltrato porque fue lo único que conocí como tal. Justifiqué sus actos creyendo que ella sabía qué era lo mejor para mí, a la otra, no la conozco y no sé de sus sentimientos, intuyo que es una mujer débil que no defendió, como le vi hacer a los animales, el fruto de su vientre.

Estoy experimentando una nueva vida, pero siento que por dentro de mi ser nada cambia, yo soy así, me dicen que soy noble, no guardo rencor hacia ninguna persona, ni me siento superior a nadie, lo que sí es importante, es que ahora no me siento inferior, he logrado colocarme en un peldaño firme que no me ha elevado, pero que me mantiene ahí incólume en un lugar que me resguarda de lo que pueda pasar. Ya no inclino la cabeza, es como si hubiera participado en un juego donde conozco las cartas de los demás y estoy segura de lo que tengo, no lo que tengo en las manos sino algo fundamental, lo que llevo adentro.

He conseguido la casa que soñé un tiempo atrás, la que queríamos los dos Johnny y yo. Es hermosa, siento que la hemos construido ladrillo a ladrillo, que con nuestras propias manos hemos tallado cada surco de las puertas y de las ventanas, tiene el techo muy alto para que circule el aire y la libertad. Es blanca para que me recuerde que las manchas se pueden repintar, tiene mucha luz que entra desde arriba y por las grandes puertas de vidrio de la parte de atrás, tiene un patio grande rodeado de un campo de golf que me deja ver la belleza de la naturaleza, la hierba recortada minuciosamente llena de caminos y de aire limpio. Las lámparas del techo tienen muchas bombillas que no permiten que de noche se oscurezca. Los cuadros modernos acordes con la decoración hacen cálido el ambiente y me gusta sentarme a disfrutarlo, perderme en los colores de las lámparas y soñar.

Las altas paredes dan vuelo a mi espíritu y puedo respirar profundamente llenando mis pulmones de un aire bueno que me fortalece. Johnny disfruta conmigo de nuestros logros y continuamos nuestro amor, que cada día se acrecienta.

Sin necesidad de hablar, conocemos nuestros mutuos pensamientos y nuestros sentimientos cada vez más sólidos. Se puede decir sin temor a equivocaciones, que somos una pareja feliz y exitosa y que tenemos una hermosa familia, aquella que soñamos, la que todos quieren tener y que todo lo logrado, se lo debemos a la fuerza que nuestras vivencias nos proporcionaron y a no dejarnos vencer por oscuro que luciera el panorama.

Cada paso en falso es uno más hacia adelante, la vida no termina sino que enseña y nos tuerce los pies para enseñarnos a enderezarlos y no volver a caer.

CAPÍTULO XX

Hechos inexplicables

Un día unos amigos llegaron hasta nuestra casa, venía con ellos, un muchacho alto de cuerpo atlético, llegó con una timidez asombrosa que no le permitía mirarme a la cara para saludar, lo vi sentado en el salón, inclinado como ensimismado en sus pensamientos. Pasado un tiempo, se fueron y al día siguiente regresaron, como el día anterior continúe lo que estaba haciendo en mi computadora portátil y de repente sentí una mirada desde atrás, era el muchacho de la víspera que hoy me dio la cara cuando lo miré. Le sonreí y él aprovechando esta circunstancia me dijo:

–Lástima que esa sonrisa guarde tantas penas

– ¿Perdón?

– Sí, usted guarda en su corazón muchas desventuras y debe escribirlas en el libro que quiere, sin escuchar a quienes le dicen que no debe hacerlo.

Quedé muy desconcertada con esta corta conversación, pero continué con mis actividades en la computadora, me inquietaba ese muchacho y la forma en que me habló.

Johnny estaba al otro lado de la sala y se hacía de noche. El muchacho nos pidió posada, como no lo conocía, miré a Johnny para que diera su aprobación y él aceptó. Se sentó entonces con Johnny y le pidió una biblia, él fue a la habitación y se la trajo.

–Yo estoy aquí para salvarlo, usted debe morir en tres días. Johnny quedó mudo y estupefacto, luego siguió abriendo y cerrando la biblia y hablándole a mi esposo de sus faltas del pasado y de cosas de su vida que sólo él conocía.

–Ustedes nunca van a saber quién soy yo

Y como alucinado seguía su discurso siempre abriendo y cerrando la biblia. No se trataba de la misma persona que la víspera se sentó tímidamente sin llamar la atención de nadie.

Al día siguiente mientras Johnny hacía sus ejercicios, sintió un dolor en las rodillas, pasó minutos antes de irse a la cama en su rutina de sentadillas que hacía a diario desde que lo conozco.

Cuando despertó no podía moverse y el dolor lo invadía. Rápidamente lo llevamos al hospital donde diagnosticaron que se habían roto sus tendones y que tenía los riñones llenos de sangre. El camino a seguir era la diálisis después de una cirugía. El hombre seguía al lado de nosotros, según decía, para cuidarnos y le aseguraba a Johnny que nada de lo que le decía el médico iba a suceder.

Luego de más de una semana hospitalizado, Johnny fue dado de alta y nos fuimos a casa. Fue una dura experiencia porque gozamos de buena salud y esto nos tomó por sorpresa, a pesar de las premoniciones de John (así se llamaba), quien nos desconcertaba con sus palabras, a veces sabias y llenas de experiencia y otras, como las de un niño perdido. No sabíamos cómo tratarlo, después de las comprobaciones, parecía como que cambiaba de personalidad.

El domingo anterior John, quien ya nos trataba con mucha confianza, me pidió asistir a la iglesia con él y así lo hice. En ese lugar, las personas asistentes, oraron por mi esposo, yo volví a casa, se lo conté a Johnny, cuando salió con su salud mejorada del hospital y él me ofreció asistir conmigo y así lo hizo, me acompañó la siguiente vez, Fuimos a probar cuál era la diferencia entre una y otra iglesia, ya que nosotros hasta entonces fuimos católicos. Uno se acerca a esos lugares con algo de curiosidad y nosotros estábamos impresionados con lo que nos había dicho el muchacho que nos invitó.

Era una comunidad cristiana muy grande, de esas que crecen y se extienden cada día más. En medio del sermón yo sentí que el pastor hablaba de mí, inicialmente creí que se trataba de alguna otra persona a quien le había pasado algo similar, pero transcurridos los segundos, entendí que sí era de mí que hablaba. Me incitaba a salir a la mitad del recinto para hablar de mi vida, pero no me atreví.

—Aquí hay alguien-, decía, que fue abandonada por sus padres cuando era muy niña, nos gustaría escuchar sus experiencias- y yo no me movía, no era capaz de enfrentarme a toda esa gente, no hubiera sabido cómo hacer semejante cosa y comencé a experimentar algo extraño dentro de mí.

Epifanía

No sé si por efecto de sus palabras o del miedo que me invadía, sentía un gran fuego dentro de mi pecho y estuve como poseída de una fuerza extraña y a la vez liberadora, trataba de disimular para que Johnny, a mi lado, no notara lo inusual que me estaba pasando, el corazón me palpitaba como queriéndose salir del pecho, terminó el oficio, nos fuimos para la casa y la sensación en mi corazón a máxima velocidad, me duró toda la semana.

Johnny que sí se había atrevido a pasar al frente, compartió la experiencia del fuego por dentro, según me dijo después, luego comenzó a hablar y a moverse de manera extraña como por efecto de algún bebedizo, hasta que cayó al suelo. Seguimos asistiendo a ese lugar y comencé un proceso para aprender a perdonar, porque aparentemente ese era mi gran problema, que ignoraba que estaba llena de rencor, tras unos días sentía seguridad y bienestar en ese templo que era distinto al que iba cuando niña. Allí saben cómo manejar a las personas.

CAPÍTULO XXI

Aurora

Madre no hay sino una, dice el viejo adagio, ahora yo sé que no es cierto, uno puede tener dos o varias madres y no tener ninguna. Puede ser que la madre llegue tarde o que todo esté dispuesto para que la llegada que parece tardía tenga un propósito dentro del resto de la vida o puede ser diferente.

Conocer las dos versiones de una historia no la modifica, pero si contribuye a entender un poco los hechos, todas las personas viven de acuerdo a su propia óptica y a sus circunstancias.

Aurora tiene su propia historia. Dice que se casó muy joven, que el esposo era mayor e indolente, había tenido muchas mujeres y seguía teniéndolas, le era infiel. Para tener libertad de movimiento la mandaba para la casa de la mamá y ella, muy ingenua, se quedaba esperándolo por varios días, después de dejarle preparada la sopa y el guineo que era lo único que alcanzaba a conseguir en la pobreza extrema que atravesaba y él nunca aparecía.

Vivian en una casa en medio del campo que pertenecía a los hermanos del cónyuge, en ese espacio, se les permitía permanecer y hacer su vida en común. Un día dividieron la casa y a ella con su esposo solo les dejaron el cuarto del frente, pero para salir tenían que bordear la casa por detrás. El esposo que bebía mucho y era conocido por tener otras mujeres, se lo dejaba saber a ella en sus constantes discusiones.

Era su forma de herirla y demostrarle lo poco que le importaba. No le daba ningún valor a su relación y la maltrataba haciéndola sentir que cualquier mujer era mejor que ella y por eso las buscaba en la calle y a veces no tan lejos de la casa.

Ella cuando tenía necesidad de ir a alguna parte, aprovechaba y miraba a través de los espacios en los listones de madera que formaban la edificación y veía cómo la esposa del cuñado, con mucha confianza y descaro se sentaba en las piernas de su esposo en la cocina del hermano. No se atrevía a reclamarle al hombre por temor que la golpeara y a la esposa del cuñado tampoco, porque perdería el único espacio con el que contaba para resguardarse. Quejarse con el hermano del esposo habría dado lugar a una tragedia familiar que ella no quería cargar sobre sus hombros. Vivía en un completo dilema sin saber cómo actuar.

Transcurridos los días, la cuñada dividió la casa, dándole la mejor parte al otro hermano, a su mujer y al esposo de ella le disminuyó el espacio del que gozaban hasta el momento, ella sentía que la iban arrinconando, seguramente era la forma de la otra mujer para aburrirla y librarse de ella. Sentía entonces que no tenía cómo sobrevivir, estaba embarazada de su primer hijo, mal alimentada y triste con su destino. Nunca visitó un médico ni tuvo control sobre su estado, tampoco tenía ropa preparada para el niño que venía en camino y el padre no le daba dinero ni cariño se sentía muy abandonada. Sobrevivía como un animalito en medio del campo, tratando de conseguir el alimento y el café diario así fuera muy poco para distraer su hambre.

El día que escuchó llanto de niño muy cerca, pensó que era su prima que había dado a luz recientemente y venía con su pequeño a visitarla, contenta esperando la llegada de la familiar, corrió a colar café, que era lo único que tenía para darle, pero ella nunca llegó, entonces la buscó desde el cerro y no la vio, bajó hasta el arroyo y tampoco estaba, cuando la prima le confirmó que no había salido de su casa, ella supo que su niña le estaba dando un aviso que no supo interpretar, pero que había llorado dentro del vientre para hacerle saber algo, entonces llevaba siete meses encinta.

Otro día cuando sintió unos dolores muy fuertes en su espalda y vientre, salió a caminar por el campo para tratar de apaciguarlos y pasó la noche entera sin aliviarse, recurrió a la cuñada al día siguiente cuando se hacían desesperados y más frecuentes. Cuando se intensificaron en uno solo sin tregua, supo que su bebé estaba a punto de nacer, la hermana de su esposo la asistió en el parto. Así, sin experiencia a puro instinto y sin recursos trajeron al mundo a su primera hija.

La niña nació bocabajo y no lloró como en un mal presagio, ella piensa que quizás tenía que ver con el llanto que emitió dos meses antes. Una hermana suya le consiguió tres camisitas para vestirla, pero la niña no se movía, no lloraba ni abría los ojos, así estuvo durante tres días, parecía que no iba a vivir. Ella no sabía nada de la crianza, pero instintivamente trataba de protegerla porque era muy pequeñita, tuvo que ir a trabajar a San José de las Matas recogiendo café y vendiendo las laticas para conseguir algo de dinero para comer, ahora que debía amamantar a su pequeña, encomendaba el cuidado de la niña a su hermana y como continuó la relación del esposo con la esposa del cuñado y a ella le seguía dando muy mal trato, se separaron. Ahí cambio su rutina porque se fue del espacio que compartía con el esposo y ahora debía conseguir para pagar donde dormir y con qué comer.

Se fue a trabajar limpiando una casa y se ganaba quinientos pesos al mes –la suma por la que fue vendida su hija- en ese entonces su prima le cuidaba la niña, todo marchaba en orden hasta una ocasión en que la madre tuvo que permanecer más tiempo del acostumbrado en la casa donde trabajaba, lo hizo por tres días consecutivos porque se lo exigieron. Ella, extrañando a su hija, le preguntó a la señora de la casa si en ocasiones como esta podía llevar su niña y ella aceptó. Se puso muy feliz y corrió para donde su prima a contarle la buena nueva y a ver a su pequeña que ya le estaba haciendo falta.

Cuando llegó a buscarla, la prima le respondió que su esposo había venido por ella y que tuvo que entregársela, no podía negarle los derechos que tiene el papá. Muy consternada, le reclamó porque entendía que para un hombre en las condiciones del esposo no era adecuado que cuidara una niña, ya que no sabría cómo hacerlo.

Ella se disculpó diciendo, –él es el padre y yo no podía negarme a darle la niña. Corrió donde vivía el hombre para reclamar a su hija y él le respondió que la había vendido por quinientos pesos a un hombre que siempre decía, —dame esa niña tan linda- y que por esa razón, ya no le pertenecía a ella.

La madre gritó y pataleó, porque sentía que nadie tenía derecho a quitarle su niña, pero el hombre no se inmutó, ella sentía que un niño no puede ser tratado como una mercancía cualquiera ni como un objeto o un animalito y la buscó en el lugar donde la tenían y la mujer de esa casa se negó a darle a su hija, o a dejar que la viera.

—Ya no es tuya, le decía, la niña es mía— y no valía nada de lo que ella dijera o explicara para que no le cerrara la puerta en la cara.

Su mamá, la abuela de Yoselyn, trabajaba cocinando en la enramada donde despulpaban el café de esa familia y reclamó a su nieta, pero como respuesta la botaron del empleo y también le cerraron la puerta negándose a devolver la niña que consideraban de su legítima propiedad. En su lógica infame, ellos habían pagado por ella y les pertenecía.

Aurora recurrió a la autoridad y un fiscal después de muchos argumentos de quienes tenían la niña, decidió que la madre tenía derecho a permanecer con ella tres semanas del mes y la otra familia la semana restante,

—Si no te entregan la niña, regresa que yo personalmente te acompaño a reclamarla— Le dijo dándole mucha confianza, pero tal como lo pronosticó el fiscal, no le permitieron verla y le negaron el derecho que ya él le había otorgado.

Nunca lo volvió a ver, no sabe si esas palabras fueron parte de una farsa montada por los que se creían ahora 'dueños' de la niña, para calmarla por un tiempo, o cambiaron al fiscal de lugar, y averiguarlo, era una tarea muy difícil para una mujer que no tenía ningún recurso y trabajaba de doméstica en Santiago de los Caballeros, una ciudad cercana. Posiblemente de eso se aprovecharon para no devolverle la niña, además porque comparados con ella, eran gente relativamente acomodada y con mando en el pueblo donde vivían.

Aurora pedía permiso para salir todo un día y tratar de esa manera de rondar la casa y reclamar a su hija, pero ni siquiera le abrían la puerta. En aquel tiempo tenía el ímpetu de la juventud, la rebeldía y la rabia viva de su pérdida, pero nada de esto le alcanzó para recuperar el fruto de sus entrañas, la pobreza le ganó la partida.

Fue transcurriendo el tiempo y sus hermanas, su madre y todos los familiares que intentaron reclamar a Yoselyn, fracasaron en el intento, hasta que se enteraron que a los nueve años de edad, la habían trasladado a los Estados Unidos y hasta el nombre le cambiaron. Como en esa familia tenían otra niña que se llamaba igual, a ella la nombraron Jackie.

Ellos se apoderaron de ella haciendo valer los quinientos pesos que habían invertido en su compra y se encargaron de decirle que su madre la había abandonado siendo una recién nacida para tratar de borrar algún sentimiento si es que Jackie lo tenía. Luego no la volvieron a mencionar y la niña creció convencida que su madre era la otra a quien conoció como tal.

"Lo ajeno llora por su dueño, porque su dueño también llora por lo que le pertenece", dice Aurora cuando recuerda todos los años que pasó separada de su hija, mientras rezaba diariamente clamando porque un día pudiera encontrarla y abrazarla como la madre que era.

Siempre la escandalizó el hecho que una vecina suya regalara sus dos hijos varones al nacer y que ahora cuando estaban grandes, pasara a su lado sin mirarlos como si no los conociera.

Tiene muchos recuerdos, muy detallados de cuando volvió a aparecer una luz en su camino, ella iba en un carro blanco por la capital del país y tuvo como un presentimiento que iba a saber algo de Yoselyn, tal como se lo había pedido a Dios sin descanso noche tras noche, como lo hacía en su vida elemental cuando terminaba su trabajo y podía dedicarle unos minutos a la oración.

Entonces recibió la llamada de un primo que le decía que tenía que verla personalmente. Ella asistió a la cita en la casa del primo y él, frente a un computador, la puso a mirar fotografías para que dijera cuál era su hija. La identificó inmediatamente la vio y el primo se dedicó a buscar el número de teléfono para que madre e hija pudieran hablar.

Su madre, abuela de Yoselyn, había viajado a los Estados Unidos donde se había residenciado unos años atrás y había pedido a Aurora para que, como hija suya, le concedieran su estadía en el país, en un proceso muy complicado que podría tardar largo tiempo, pero no hay plazo que no se venza y la señora, llegó hasta New York y ahora pretendía volver a buscar a su hija.

Las cosas se fueron dando lentamente, la muchacha, ahora adulta y casada, se negaba a hablar con la persona que la había tirado y la había apartado de su lado como a una bolsa de basura. Sentía que nada la ataba a aquella señora de la que conocía solo una historia turbia y desalmada.

Todo el mundo habla del perdón, dice Yoselyn, pero el perdón no es solo un sentimiento, el perdón es una forma de vida, algo que se aprende como se aprende el amor. Esos sentimientos no se habían albergado en un corazón abandonado y crecido a la deriva en un ambiente siempre hostil e infortunado. Los acontecimientos se precipitaron como desde arriba de una cuesta y no dieron tiempo a preparar el espíritu. La puerta se abrió y ahí estaba ella, una extraña que preguntaba por alguien con un nombre que sonaba remoto, ajeno. Era la madre después de tantos años que nadie sabía cuántos, pero los suficientes para el olvido. Venía dispuesta a conocerla y la conoció.

Estábamos juntas, conviviendo bajo el mismo techo, porque decidió quedarse en mi casa, yo la miraba, tratando de conocerla, de entender su forma de sentir, me parecía lejana, extraña, una mujer con mis gestos, un rostro en que adivino algo mío como si me estuviera mirando en un espejo borroso, viejo, deteriorado por el tiempo, pero que no me mueve una sola fibra del corazón.

No es fácil que de la noche a la mañana se presente una persona diciendo que es la madre y afloren los sentimientos, sobre todo cuando no se ha aprendido a amar, cuando la persona a la que debo llamar madre es una desconocida.

No me aparecen los sentimientos buenos ni malos, mi alma está dormida, mi corazón no habla, no late entre mis venas el cariño, algo está roto dentro de mí. A pesar de ello estoy tratando de romper las barreras que me impiden acercarme a ella, lo hago diariamente y no avanzo. Le hablo y mi voz se oye como a la distancia, no sé cómo debo decirle, intento ser amable, pero de ahí no pasa mi inexistente afecto.

Tenemos que aprender a querernos, me dicen quienes creen que es posible, pero la miro a ella y no siento que quiera acariciar mi pelo o besar mi frente o que me inspire besar su rostro o abrazarla con ternura.

Siento que ella solo quiere saldar una deuda con su historia, que no sé si creer o no, sus frases son como una grabadora dando vueltas con el mismo sonido repetido hasta la desesperación. Sí le veo interés en regresar a su tierra y al lugar donde está su madre hacia quien parece que sí la mueven sentimientos fuertes, pero afán de quedarse en mi casa e interés de compartir por primera vez nuestras vidas, no. Siento que a ella tampoco le nace el sentimiento, vino a conocerme por curiosidad o no sé por cuál sentimiento si es que alguno tiene.

La incertidumbre es la sensación que me inspira su rostro, donde he visto rasgos similares al mío, que no logro integrar con el alma, que está reacia, negada a ablandar sus paredes desgastadas frente al amor. Puede ser que estoy pidiendo más de lo que es, no lo sé.

Es posible que algunas personas sientan distinto a lo que dice la gente en lo que se refiera al amor materno. Vivo con los dos hijos de Johnny y creo que eso es suficiente, ellos han crecido a mi lado y son mis hijos, los niños a quienes he secado las lágrimas, he llevado con cariño a la escuela y a través de la vida compartida en familia, he querido como propios.

No puedo entender un amor de madre tan acomodado, que cuando los pequeños más necesitan del cuidado, los abandonan a su suerte y que luego aparecen a decir, sí, yo pensaba en ti, yo quería estar a tu lado, pero no pude. Esas palabras no caben en el lenguaje materno porque dañan, hieren y endurecen el alma de los hijos. Tengo nuevos hermanos que sí crecieron con su mamá, yo no sé de sus sentimientos, pero ahora que convivo con uno de ellos, me siento más ligada a él que a la misma madre, por lo menos por ahora, no sé qué pase en el futuro, creo que él es sincero.

Es un fenómeno extraño el de mi vida, tengo dos nombres, tengo dos madres, tengo una familia que no conozco y otra con la que crecí y me eduqué, nos unen lazos muy distintos, pero lazos al fin. Espero que el paso de los años, me ayude a interpretar quién es quién y qué papel juega en mis más íntimos pensamientos, porque algunas veces siento que tengo un gran muro que me impide pensar y sentir como creo que debería, o como dice la gente que debo hacerlo.

Creo que soy como los pajaritos con los que conversaba cuando niña, que ven el mundo desde arriba, desde un lugar lejano donde los llevan sus alas, lejos del alcance de la mano que les hace mal y les tira piedras para derribarlos y terminar con su canto.

Yo veo las cosas desde otra parte, un lugar donde nunca ha entrado nadie para explicarme el mundo que me tocó vivir, solo ellos, esas diminutas aves que me enseñaron de la libertad y de las alas para volar y alejarse de los depredadores.

Es posible que algo se haya atrofiado en mí y que alguien en algún lugar o fecha, tenga la cura milagrosa que me haga poner los pies sobre el piso. Por lo pronto sigo aquí volando alucinada, viviendo cada minuto de los días sin dejar que otras preocupaciones alteren el curso de mis sueños.

Sigo avanzando en mis negocios y mi empresa funciona bien, debo preocuparme porque todo siga marchando y ser un ejemplo para las personas que se sienten extraviadas como me he sentido yo algunas veces y que a pesar de todo, no pierden el contacto con la realidad, son personas que no se detienen en sentimientos y pensamientos que nublen la razón y les impidan conquistar las metas que se proponen en la vida.

CAPÍTULO XXII

La Boda

Cuánto camino recorrido para llegar hasta aquí, recuerdo las horas amargas, las horas de miedo y de llanto, los sobresaltos para que hoy podamos cristalizar el acariciado sueño. Mi traje blanco y su corbata, hacen juego, la felicidad me embarga, la he conseguido a fuerza de sacrificio

Estamos elegantemente vestidos frente a quienes comparten la dicha, pronto comenzará la ceremonia, pocos, pero sólidos amigos nos acompañan entre la decoración elaborada para la gran ocasión, nadie sabe cuán importante será, después de tantas trabas impuestas desde afuera. Es un día simbólico porque estamos casados del alma desde hace muchos años y nuestro corazón se enredó como si fuera uno solo. Compartimos los sentimientos y nos preguntamos uno a otro intercambiando miradas, entendemos lo que nos palpita por dentro cuando debemos tomar decisiones, un solo parpadeo es la respuesta que los dos comprendemos perfectamente al mirarnos. Eso es lo más importante, ahora estamos cumpliendo el ritual para que luego cuando lleguemos a viejos, nadie nos impida compartir lo que hemos logrado juntos, caminando tomados de la mano y esforzándonos cuando nadie apostaba nada por nuestra felicidad y cuando hacían lo posible por interferir en ella.

Nadie sabe lo que los demás guardan muy dentro de su espíritu y no pueden opinar basados en las apariencias o en los comentarios ajenos. Hoy estamos aquí frente a frente en nuestro matrimonio, para cumplir los requisitos. Que no nos falte nada y ante los hombres podamos mostrar que nos pertenecemos el uno al otro como ya lo hacemos frente a Dios.

Llenando vacíos

Mi esposo llegó a llenar un vacío que había en mi vida, no era el vacío de madre o de padre, de hermanos reales o de tíos, abuelos y familiares, o talvez sí, era todo eso y mucho más, era un vacío de identidad, de saber que yo era alguien que había nacido de la unión de un hombre y una mujer que debieron darme su nombre para lucirlo a través del mundo. Johnny me ha proporcionado eso, compañía, protección, cariño, nombre y presencia a través de los años, por eso hoy estoy orgullosa de compartir mi existencia con él, en todas las dimensiones posibles.

Como nos dijeron en la boda, en la salud y en la adversidad, en el respeto y en el amor permanente, eso pienso que es verdad y que sustituye todas mis carencias anteriores. Confío en ello y me entrego a seguir con mi proyecto de vida junto a él cada nueva caída y cada despertar.

No se cumplieron los vaticinios de la familia y me he casado con el hombre que amo, eso me alivia y me siento plena de felicidad.

No estaba condenada como me dijeron en su afán de humillarme, soy una mujer total y soy feliz junto a la persona que adoro. A partir de hoy, somos legalmente una pareja oficial como si fuéramos una sola piel.

CAPÍTULO XXIII

Madre ausente una y otra vez

Mi vida es un rompecabezas incompleto, lleno de incompatibles piezas sueltas. Los acontecimientos se precipitan como en una serie donde el siguiente capítulo tiene escenas inesperadas escritas por un libretista burlón y yo quedo perpleja, aparece mi madre, quiere verme, viene y convive conmigo pero se va, no se adapta a una hija desconocida, al principio dice muchas cosas para justificar el pasado, no sabe que el pasado es irremediable, pero la escucho tratando de encender una llama que me tibie el corazón.

Nada sucede, pasan los días y los titubeantes abrazos cortos parecen inventados un minuto antes de darlos, resultan vacíos y sin fuerza, irreales, siento más calor cuando personas ajenas me dicen –te quiero- o me mandan abrazos con muñequitos por las redes sociales. No puedo descifrar el mundo que ella me ofrece, me gustaría saber quién miente. Llamo al famoso padre, tratando de encontrar un rayito de luz, él es otro ser al que solo me une la conversación de un país a otro.

Él me dice que no la culpe, que ella no está bien, entonces me pregunto qué quiere decir eso, ¿no está bien de la cabeza? o sea que ¿está loca? Quien sabe con qué criterios la juzga, pero no me da una pista que yo pueda seguir, así que desisto de mis averiguaciones. Me queda la duda de lo que quiso decir y la seguridad de lo que viví al conocerla.

¿Cómo que no está bien, qué quiere decir eso?

No lo creo, ella no sabe querer, no sabe ser madre, le he ofrecido todo lo que es posible y ella se niega a estar conmigo, vuelve a New York con sus hermanas donde vivió tres meses desde su llegada a este país y donde ellas se dan mañas para quitarle lo que gana, haciéndola responsable por obra y gracia de sus triquiñuelas, del pago de un apartamento donde viven cómodamente.

Ella prefiere eso, quiere tomar el bus y el metro porque no quiere que la lleven y la traigan sentada en un carro particular y no es por anhelos de libertad e independencia, sino tal vez por vergüenza o por timidez, por sacudirse una responsabilidad que siente frente a una hija que abandonó a su suerte muchos años atrás. Es una extraña manera de ser madre, le compré su boleto de regreso como me lo pidió y desde entonces, me esquivó todo el tiempo, no quiso dar la cara sino a la hora de despedirse.

Me devano los sesos tratando de interpretar su forma de ser, debo recurrir a la misericordia que pregonaban en la iglesia que visitaba los domingos y sí, me inspira compasión su manera absurda de ser, pero nada más.

Ella, aparentemente quiere sufrir, esa parece ser su condición de vida, lo manifestó frente a un grupo de oración y los dejó perplejos. Eso es lo que le dicta su conciencia porque nunca pudo aprender algo diferente. Esa es su manera de pensar, cree que el sacrificio la enaltece y que es la mejor forma, no puedo interferir en su pensamiento, ni convencerla de nada distinto a sus creencias y su manera de ver la vida, somos diferentes y así nos tocó vivir esta relación.

Acepto gustosa sus llamadas ahora que está lejos otra vez, como aceptaría otras de una amiga o de una desconocida, en ellas habla más que cuando está conmigo, es posible que su familia le diga lo que debe repetir a través de la línea telefónica, creo que es tarde y debemos esperar y vivir el desenvolvimiento de los hechos.

Es posible que los sentimientos se aprendan, al menos algunos de ellos, porque según mis condiciones de crianza, yo no debería experimentar buenos sentimientos hacia nadie, pero no es así. He sentido afecto hacia mis hermanos y hacia la propia madre que me maltrató, he sufrido con sus padecimientos, he sentido compasión frente al hombre que intentó mil veces abusar de mí, cuando lo he visto indefenso, tendido en una cama, me hace falta que alguna vez me llamen por teléfono o me visiten, talvez porque soy rara y guardo cosas buenas dentro de mi ser. No lo sé.

Solo he aprendido a sacar lo bueno de dentro del corazón para no dejarme aplastar por los hechos. Es la única forma de salir adelante y levantar el vuelo, no podemos albergar malos sentimientos, sino aprovechar lo que nos ha pasado como una lección de vida para no repetir errores y como una certeza que vendrán tiempos mejores. De otra manera nos haremos daño a nosotros mismos.

En cuanto a mi madre real, intento dejar muy quietas las cosas que me duelen, creo que todo cae por su propio peso y eso espero que pase, ninguno sabe lo que pasará al instante, ni al día siguiente, pretendo vivir el presente con las grandes y maravillosas cosas que he logrado, mirando siempre hacia adelante porque el pasado es una sombra que obstaculiza la felicidad y no se puede caer en ella para que el rencor nos atrape como una mala red y no nos deje continuar.

CAPÍTULO XXIV

Recompensas

Creo que las recompensas de la vida nos están mostrando que hemos actuado de la mejor manera, que no hay tratados para aprender a vivir, además de ponerle la cara a la adversidad y dedicarse a lo que llegue que solo unas veces es malo y que por otro lado, es exageradamente bueno cuando se pone todo en una balanza. Hoy tenemos el pago a estos esfuerzos está a la vista de todos y nos llena de felicidad, el hijo mayor de Johnny a quien crie como propio, ya muestra los resultados de un hogar estable donde se le dio mucho amor y comprensión, lo ha demostrado al constituirse como el primer alumno del condado que habitamos, destacándose frente a sus compañeros, ha sido aceptado con honor en la *Navy Academy* Academia naval de los Estados Unidos, privilegio al que solo llega el 7 % de los aspirantes.

Le han otorgado una beca por $425.000 dólares que cuesta su educación en la carrera de ingeniería nuclear.

El muchacho menor, sigue los pasos de su hermano y se destaca como un gran estudiante y, con mi esposo estamos seguros que no nos defraudaran.

Se dice que las historias tienen varias caras de acuerdo a cada una de las personas que las vive. Aquí muestro lo que yo viví, lo que vi y cómo lo sentí. Lo que pude percibir a través de mi tristeza y de mis sentimientos. No dejo de sentir gratitud y cariño aunque me haya endurecido un poco, creo que lo suficiente para sobrevivir, pero no tanto como para volverme indolente.

Sentimientos

Siento gran cariño por mis hermanos y por los padres adoptivos a pesar de haber recibido más los malos sentimientos de ellos que los buenos, porque los seres humanos como las historias, tenemos varios lados y cambiamos permanentemente, de acuerdo a la arista que sobresalga en el momento de recordar y aún en el de vivir. En mi caso prevaleció el amor que sentía por ellos y la aceptación de sus actos como una forma natural de sobrevivencia. Crecer consiste en eso y si crecemos por fuera, físicamente, también estamos obligados a hacerlo por dentro. Eso lo tengo presente todo el tiempo.

Me siento parte de la familia que tuve y no me siento atada a quienes dicen ser los verdaderos parientes. Creo que los lazos de sangre no se manifiestan cuando no conocemos a las personas que los comparten. La realidad para mí, es que conviví con quienes sentí como míos, con los llamados 'los otros', aquellos que me compraron. A los familiares reales no los conozco, ni puedo opinar sobre ellos. Esto es lo que me tocó en suerte y lo agradezco porque soy el producto de los buenos y los malos momentos. Afectivamente estoy ligada a los unos y bastante lejana de quienes comparten mis lazos de consanguinidad, pero no mi niñez ni mi juventud. No hubo llamado de la sangre, ni se demostró que fuera más espesa que el agua, aquí no funcionó la teoría.

No conocía los sentimientos de ellos hacia mí, pero aparentemente mi hermano menor y mi hermana mayor, me han querido sinceramente según ellos mismos dicen, quizás no supieron expresarlo. Ahora me lo han hecho sentir y según me han dicho los otros miembros de la familia, mi hermano sufrió mucho cuando me fui, los demás talvez guarden algún sentimiento porque tuvieron que acompañarme en esta vía que compartimos desde la infancia, es posible que ellos hayan sentido alguna vez que represento algo en sus existencias.

Creo que los quiero a todos y para mí, son el destino compartido por años en las buenas y en las malas, con sus anécdotas y su manera de actuar unas veces alegre, otras no tanto, con defectos y cualidades, pero mi familia al fin. Al partir los extrañé, me faltaban sus voces y sus risas, sus errores y sus aciertos, las cosas simples que componen la vida y que solo se descubren en la ausencia.

Crecer es la ley natural y luego hacer una vida propia, cada cual desarrollando sus aptitudes, sus amores, sus intereses y sus gustos. No lo sabía de antemano, pero lo experimenté cuando viví sola, entonces intenté hacerlo bien, sacar ventaja de lo mejor y de lo peor aunque no niego que inicialmente me acobardé, sentí mucha culpa y miedo. Tuve que liberarme de aquel pensamiento cuando creía que merecía castigo porque todo lo que hacía era malo y que por eso no resultaban tan bien las cosas. Luego de tantas tempestades, Johnny y yo, comprobamos que ante nuestros ojos y con nuestro esfuerzo, todo comenzaba a cambiar, a construirse y a cristalizarse.

Cuando llegamos a vivir a la Florida como dos niños asustados, llenos de dudas, aterrados por lo que nos pudiera pasar, no imaginamos que tras haber iniciado un camino que nos parecía muy difícil estábamos siguiendo nuestro sueño. Que después de separarnos unos días, de no tener un sitio para vivir, cuando comenzamos y de haber pasado de un apartamento pequeñito a una casita más grande y después de ir mejorando e ir avanzando a otras en mejores condiciones, superiores en comodidad y espacio, íbamos a seguir avanzando sin perder de vista el gran proyecto de vida.

Se trataba de salir adelante, de demostrar que con esfuerzo y tomados de la mano, simbólicamente y en la realidad, llegaríamos a construir piedra a piedra lo que hoy es una verdad inquebrantable: un hogar sólido material y espiritualmente estable, donde no hay cabida para las dudas ni para los arrepentimientos. Un sueño hecho realidad.

Cayéndonos, aprendimos que en la vida se debe construir con las piedras de los senderos y eso hicimos, nos demoramos, pero sentimos y creemos que lo hicimos bien.

Hubo momentos en que anduvimos por el filo de las dificultades, una vez estuvimos a punto de perder la casita que tanto esfuerzo nos costó conseguir, pero decididos y con el más fuerte empeño logramos sacarla adelante cuando miles de estadounidenses hundidos por la crisis hipotecaria a través del país, no pudieron lograrlo y las noticias mostraban que nadie había conseguido recuperar sus propiedades.

Nosotros lo hicimos, cimentamos nuestra vida y nuestras pertenencias, basados en una gran responsabilidad, sin abandonar el trabajo, no importando el que fuera, con tal de salir adelante.

Recorrimos toda la gama de oficios conocidos, el uno y el otro, aprendimos dándonos contra el piso, supimos a pulso que no podíamos claudicar y no lo hicimos, nos guiaba nuestro espíritu de lucha que los dos habíamos formado en los avatares del camino recorrido hasta que nos encontramos, y después.

La casa que soñamos es un hecho, allí penetra la luz por todos los espacios, es blanca y enorme, alberga nuestro corazón y el de nuestros muchachos, comparto por un tiempo con un hermano, hijo de la madre real y solo puedo agradecer que mis esfuerzos y los de Johnny no han sido en vano, por lo menos hasta ahora.

Algunas veces la gente nos mira con recelo cuando nos ven llegar en un carro lujoso, el mejor de todos. En ocasiones lo han rayado a propósito. Los prejuicios saltan a la vista, pero estamos acostumbrados y seguimos trabajando sin prestar atención a quienes aún dudan de nuestra capacidad de producir y mantenernos.

Las cosas hay que ganárselas, se debe aprender a vivir en el día a día, no antes ni después, las cosas que no nos salen bien en el principio, son una enseñanza de que no lo hicimos adecuadamente y que debemos rectificar, porque lo mejor está por llegar si no cejamos en el intento.

Todo en la existencia depende de un proceso lento que sucede paso a paso, algunas veces los mismos problemas muestran las soluciones y no se debe retroceder si es necesario reconsiderar y repetir lo que hacemos, debemos volver a empezar sin que nos importe aguardar para escoger lo mejor que se pueda hacer.

Tomados de la mano, aprendimos a vivir con todo lo que se presentó, nunca la desesperación, la ira o la desesperanza nos agobió —sí llegaba de vez en cuando – pero la superamos, nunca nos hizo caer en vicios o intentar renunciar a lo que quisimos lograr.

Nos unimos en un mismo propósito y juntos conseguimos el éxito, ese es el legado que vamos a dejar para nuestros hijos, que también han demostrado ser unas personas fuertes que entienden que lo bueno y lo malo, forma parte de lo que pasa y se debe escoger con juicio la mejor solución sin perderse en lamentos y sin retroceder.

La vida es la vida y nadie puede escoger dónde nace ni con qué personas a su lado. Lo importante es crecer y responder a todos los retos con entereza para que al mirar atrás en vez de remordimientos, podamos esbozar una sonrisa de satisfacción y decir a pleno grito:

¡Lo logré!

Juntos, avanzando hacia el mismo destino, con los sueños puestos en el mismo camino.

¡Lo hicimos!

CAPÍTULO XXV

Luna de miel

Después de tanto trabajar y de haber conseguido la mayoría de nuestras metas, sentíamos que merecíamos un descanso, un alto en el camino fue entonces cuando surgió la idea de la luna de miel, como en las películas. Si bien habíamos comenzado atropelladamente como dos niños asustados y perseguidos, ahora queríamos con toda la autoridad que nos daba el hecho de haber vivido plenamente; una temporada de romance como en las películas y así lo hicimos.

Alquilamos una habitación de lujo en un hotel en la playa y nos dedicamos a disfrutar del paisaje del mar, del ruido de las olas y del sol espectacular que bronceaba nuestra piel con verdadero amor. Grabé uno a uno los pasos para llegar allí. El jacuzzi, las piscinas, los restaurantes, todo maravilloso, como en los sueños que ambos habíamos tenido.

Los grandes salones que recorrimos, el ajetreo de las personas subiendo y bajando maletas de los carros, la atención de los empleados, todo fue una aventura inolvidable como quisimos que fuera.

Vivimos nuestro momento plenos de amor y comprensión y entendimos que cualquier cosa vivida, valió la pena porque nos condujo a este camino sin tropiezos, a esta vida que diseñamos momento a momento con la única guía que nos daba el amor y la necesidad de salir adelante.

Triunfamos y estamos felices por ello y no queremos mirar hacia atrás porque la vida es el momento que transcurre y que sabemos disfrutar a gusto con su sabor agridulce que en medio de todo nos proporciona múltiples satisfacciones.

Gracias Dios por los padres que me diste, por los que me negaste, por las cosas buenas y malas que me hicieron encaminar mis pasos hacia lo que soy hoy. Gracias vida por dejarme conocer todos tus ángulos, sobre todo los malos, los tristes, los desesperanzadores, los que me aplastaron hasta hacerme doler el alma. Gracias por haberme permitido renacer en cada momento de oscuridad y duda, por regalarme la fuerza de voluntad que me sacó adelante cuando las cosas se sentían peor que nunca y por acorazar mi corazón para que no sucumbiera cuando todo parecía imposible.

CONCLUSIONES

Ahora cuando he sido capaz de aprender a perdonar y a mirar la vida desde otro ángulo, pienso que toda esa experiencia tiene que ser una enseñanza importante y que valió la pena vivirla así y no de otra manera.

Uno no es producto de lo que le pasó sino de lo que superó y aprendió en el proceso. Gracias a eso hoy puedo decir que soy muy feliz y si se presentara la posibilidad de escoger, estoy segura que volvería a vivir mi vida de la misma manera y terminaría siendo quien soy, sin rencores ni resentimientos, sin miedo y sin ningún mal sentimiento que amargue mi existencia. Todo lo contrario, estaría dispuesta a recibir lo que llegara y a tratar de perdonar sinceramente lo malo que me hicieran y a entender las razones de lo sucedido tal como lo hago ahora.

Este libro fue escrito para saldar cuentas con el pasado, para sacar todo lo bueno que viví y para convencerme de cómo lo malo que haya pasado, sirvió para reforzar el espíritu que hoy me acompaña y para seguir adelante con la frente muy alta y una convicción de haber logrado todo lo que soñé y que inicialmente, cuando me sentía acorralada y desesperada, parecía imposible.

Me interesa que aquellas personas que atraviesan una situación difícil, no se dejen derrotar porque el camino es largo y después de las dificultades, pueden pasar muchas cosas hermosas si se sabe ser paciente y tratar de hacer las cosas lo mejor posible.

Si algo agradezco a mi familia, es que me enseñaron a fuerza, el valor de mejorar las cosas y vencer las barreras que parecen infranqueables. Los tiempos cambian y los cánones educativos también, eso era lo que ellos creían correcto y aunque me educaron de manera más que severa, puedo mirar de frente, sin ninguna pena y decirle al mundo con todas mis fuerzas, con la experiencia de todo lo vivido, gritar orgullosa a los cuatro vientos que, sin mirar atrás, sin remordimientos ni rencores, sin frustraciones ni quejas y con una gran seguridad como persona y como ser humano; aprendí mi lección y ahora soy feliz.

Faltaba lo mejor y se fue forjando con el paso de los años y de los acontecimientos, inicialmente creíamos que el matrimonio era solo un papel, un documento que aunque validaba los sentimientos y la realidad que vivíamos como pareja, no era necesario, ya estaba la firma de un juez que certificaba que éramos un matrimonio y que compartíamos el tiempo y las dificultades, pero sobretodo la felicidad, vivíamos la vida en cada paso y cada día reforzábamos nuestros sentimientos con el transcurso de cada jornada que tenía todo lo que implica un matrimonio que se sustenta en el amor.

De pronto un día sentimos una necesidad espiritual, decidimos de mutuo acuerdo que debíamos recurrir a la iglesia, al ser universal para que no fuera solo un juez terrenal, sino que estuviéramos unidos por una fuerza superior que nos cobijara para siempre y nos forzara a mantener un símbolo de unión suprema que consolidara definitivamente nuestra vida en común y nuestro vínculo amoroso.

Nos casamos en la iglesia.

La celebración fue grandiosa, abundaron las flores y la alegría, estuvieron presentes todos los familiares de Johnny, sus padres y sus hermanos, sus sobrinos y primos. Por mi lado, con dos madres nominales, con hermanos y hermanas, verdaderos y accidentales, con toda la gente que me rodeó cuando niña, solo mi hermano mayor asistió con su familia y me acompañó al altar donde me entregó a mi esposo en un acto simbólico que cerró el ciclo y rebasó el tiempo de mirar hacia atrás. No niego que un pensamiento de ilusión, me había acompañado en la celebración y que las esperé a las dos hasta el último momento. No fue posible y entendí mi lugar sobre la tierra y aprecié a quienes estuvieron presentes y el último acto maternal de cada una de ellas que me ubicó finalmente en el verdadero lugar que me corresponde; con la familia que forjé y con la que soy feliz. Esas personas que considero mías, aquellas que me enseñaron el verdadero sentido del amor.

Con ellos, mi núcleo familiar verdadero, compuesto de cuatro miembros, los más importantes seguiré adelante: Johnny y sus dos hijos que son mis hijos. Con ellos continúo mi vida y mi camino, sabiendo ahora con claridad quién es quién y qué lugar ocupa y ocupó cada uno de ellos en mi destino.

Con mi familia de hoy, de estos últimos años, caminaremos unidos, tomados de la mano con el mejor vínculo que no lo decreta nadie sino los sentimientos, lo manda la fuerza de trabajar juntos por la felicidad, por conseguir la tranquilidad, la paz espiritual, la comprensión, los grandes y nobles sentimientos. El amor que arregla todo lo que toca y nos acompaña en todos los momentos, en los mejores y en los peores en la vida que escogimos y que es la fuerza que nos mueve siempre hacia adelante.

"... Y serán una sola carne"

Fin